あなたも通訳ガイドです

英語で案内する 京都 ［新装版］

柴山かつの 著
Katsuno Shibayama

英文校閲 Paul Dorey

the japan times 出版

美しき日本を伝えたい

　近年、海外のゲストが日本に多く訪れるようになりました。海外ゲストが憧れる街の一つが「古都京都」です。

　私が憧れの通訳ガイド国家試験に合格し、ライセンスを手に入れることができたのは、2000年でした。通訳ガイドの虎の巻があると期待していたのですが、存在しなかったので、自分で寺社仏閣等の本やパンフレットを集めて勉強し、会話形式でまとめてガイディングに臨みました。そして、2009年に**私の体験談**を豊富に入れた念願の『あなたも通訳ガイドです　英語で案内する京都』が誕生しました。大変うれしいことに**「通訳ガイドの京都の教科書」**として、多くの皆様に親しんでいただきました。本書はその新装版です。

　初めて通訳ガイドとして海外のゲストを案内したときは、ただ、寺社仏閣や城の歴史といった覚えた知識を話すだけで、お客様を退屈させてしまいました。どうすればゲストに楽しんでいただけるのでしょう？　本書ではそのような情報をたくさん取り上げました。ゲストに**寺社仏閣や城をテーマパーク感覚**で楽しんでいただくことも大切だと思います。例えば、二条城で大政奉還が行われたとされる**大広間**や、将軍のオフィス兼プライベート空間である**白書院**では、将軍のマネキン人形などを見て楽しんでいただけますね。

　また、歴史の年代よりも、「桜の花と武士・武士の切腹」、「盆栽や扇子等に見られる日本の縮小化志向」、「七五三が縁起の良い数字である理由」、「日本人と西洋人の龍に対する見方の違い」など、日本事象の説明について喜ばれるゲストも多かったです。そこで、本書にはそうしたgeneral topic（一般的な話題）を豊富に盛り込みました。

　もちろん、**知識の引き出しを増やす**ことも必要です。恥ずかしながら、日本企業が主催した日本人バスガイド添乗の3日間の「海外顧客招待インセンティブツアー」で、1日目から日本人担当者に注意を受け、仕事から降ろされそうになった経験が

あります。バスガイドの話は伝説が多く、**文楽や歌舞伎の演目として上演されてい**る奈良の良弁杉の話など、うまく通訳ができなかったのです。「**良弁杉**」の話は同時発売の『あなたも通訳ガイドです 英語で案内する大阪・奈良・神戸』に掲載しましたので、ぜひご覧ください。事前打ち合わせがなかったのも上手にガイドできなかった理由ですが、私の勉強不足からくる自信のなさも失敗の原因です。

　近年の日本文化のニュースといえば、ドラマ『SHOGUN 将軍』の数々の世界的な賞の受賞、ユネスコ無形文化遺産になった日本の「**伝統的酒造り**」などが挙げられ**ます。「和食；日本人の伝統的な食文化」**もユネスコ無形文化遺産に登録されており、日本人として誇らしい思いです。海外のゲストに、日本の良さをもっともっと知ってほしいですね。

　本書を出版するにあたっては、多くの寺社仏閣の方に知識・情報の確認などでお世話になりました。特に印象に残っているのは、本書の執筆中に天龍寺の縁側に座って曹源池を眺めながら、総長さんからうかがったご教示です。「禅仏教では自分で感じ取ることが大切です。座禅だけで悟りに達するならば、瓦を磨いて鏡を作れるのと同じです。**小さな部屋の掃除をすることは目立たない努力ですが、大切なことがひらめくことがあります。これも悟りです。雑念を捨てて澄み切った状態でいるために修行するのです。大切なのは自分で感じ取ることです**」。
　私は、それまでのガイディングでは表面的な座禅の方法ばかり説明していたので、このご教示に今でも感謝しております。**通訳ガイドになって学ばせていただいたこと**が多く、人生は一生勉強だと思っています。

　読者の皆様とともに、海外のゲストの気持ちを理解し、美しき日本の文化や日本人のやさしさを伝えることができれば、この上ない喜びです。

柴山かつの

目　次

はじめに ... 002

本書の使い方 ... 006

音声のご利用案内 ... 007

日本事象の索引 ... 008

京都について　押さえておきたい基本の知識 22 ... 010

通訳ガイドの基礎英語 ... 014

通訳ガイドの心得ラッキー 8 ... 016

Chapter 1　平安神宮 ... 018

Chapter 2　金閣寺 ... 054

Chapter 3　龍安寺 ... 078

Chapter 4　二条城 ... 100

Chapter 5　三十三間堂 ... 134

Chapter 6　清水寺 ... 160

※本書は、『あなたも通訳ガイドです　英語で案内する京都』(2009年11月5日初版発行)の新装版です。情報をアップデートし、音声ダウンロードとアプリに対応しました。

Chapter **7**　地主神社 ... 198

Chapter **8**　銀閣寺 ... 214

Chapter **9**　伏見稲荷大社 ... 236

Chapter **10**　天龍寺 ... 262

あなたもオリジナルの
ツアーを作りませんか？ ... 289

下鴨神社／上賀茂神社
北野天満宮／東寺

付録　仏像の種類 ... 298

編集協力　松本静子
カバーデザイン・本文レイアウト　姉崎直美
イラスト　板垣真誠
DTP組版　朝日メディアインターナショナル
ナレーション　Chris Koprowski（米）, Josh Keller（米）, Nadia McKechnie（英）
録音・編集　ELEC録音スタジオ
音声収録時間　約2時間40分

写真協力
日路井　大介
Tomo.Yun
Photolibrary（http://www.photolibrary.jp）

●●● 本書の使い方 ●●●

◉ 本書の構成
全 10 章からなり、各章は以下の 5 つのパートから成り立っています。

> ①英文ダイアローグ
> ②ダイアローグの日本語訳
> ③単語の小箱
> ④瞬間英作文
> ⑤玉虫の宝庫　　1. 見学の手順
> 　　　　　　　　2. 通訳ガイドからのアドバイス
> 　　　　　　　　3. 通訳ガイド体験日記
> 　　　　　　　　4. ガイド英語 Q&A
> 　　　　　　　　5. 日本事象をチェック！

●●● 効果的な学習法 ●●●

本書の①英文ダイアローグは、通訳ガイドと外国人プライベート観光客との会話で成り立っています。

①英文ダイアローグに入る前に、④瞬間英作文を学習してもよいでしょう。左下のヒントを使い英作文にチャレンジすると、本文のダイアローグが理解しやすくなります。

それから、③単語の小箱をチェックし、②ダイアローグの日本語訳から①英文ダイアローグに訳せるようになりましょう。

⑤玉虫の宝庫は情報満載のコラムです。

1. 見学の手順では、寺社仏閣の観光する場所の情報を日本語で復習します。
2. 通訳ガイドからのアドバイスで、①英文ダイアローグがもっとすんなりと頭の中に入ってくるようになります。
3. 通訳ガイド体験日記では、失敗談などが正直に語られています。ガイディングの参考にしてください。
4. ガイド英語 Q&A は質問形式になっていますので、これってどうしてこんな言い方をするの？　なぜこんな表現が生まれたの？　これって書き言葉だったの？ etc を自然に学んでいただけます。
5. 日本事象をチェック！では、その章で出てきた日本事象が一目で見られます。すべて説明できるようになりましょう。

音声のご利用案内

本書の音声は、スマートフォン（アプリ）やパソコンを通じて MP3 形式でダウンロードし、ご利用いただくことができます。

📱 スマートフォン

1. ジャパンタイムズ出版の音声アプリ「OTO Navi」をインストール
2. OTO Navi で本書を検索
3. OTO Navi で音声をダウンロードし、再生

3秒早送り・早戻し、繰り返し再生などの便利機能つき。
学習にお役立てください。

💻 パソコン

1. ブラウザからジャパンタイムズ出版のサイト「BOOK CLUB」にアクセス

https://bookclub.japantimes.co.jp/book/b658356.html

2. 「ダウンロード」ボタンをクリック
3. 音声をダウンロードし、iTunes などに取り込んで再生
   ※ 音声は zip ファイルを展開（解凍）してご利用ください。

日本事象の索引

あ
- □ オリ　葵祭

い
- □ 8-5.　生花
- □ 4-11.　石の値段
- □ 9-7.　稲荷ずし
- □ オリ　印鑑

え
- □ 4-1.　江戸時代の天皇と将軍の役割
- □ 1-7.　絵馬
- □ 9-5.　絵馬

お
- □ 3-7.　おしどり夫婦
- □ 9-6.　お年玉
- □ 4-9.　お歯黒
- □ 6-7.　お遍路
- □ 7-2.　お見合い
- □ 1-7.　おみくじ
- □ 1-5.　お宮参り

か
- □ 2-1.　戒名
- □ 10-8.　かえる
- □ 7-1.　鏡餅
- □ 10-8.　書初め
- □ 10-5.　掛け軸
- □ 8-8.　火葬
- □ 9-6.　門松
- □ 4-2.　家紋

き
- □ 9-7.　キツネうどん
- □ 7-4.　義務教育
- □ オリ　鬼門

く
- □ 4-6.　釘隠し

け
- □ 6-12.　芸者

こ
- □ 2-6.　鯉のぼり
- □ 4-8.　格天井
- □ 2-8.　香炉

□ 8-6.　苔
- □ オリ　五重塔
- □ 2-6.　こどもの日
- □ 4-玉.　こも巻き

さ
- □ 1-4.　桜の花と侍の関係
- □ 1-11.　酒たる
- □ 9-7.　酒と焼酎
- □ 10-2.　坐禅
- □ 1-9.
- 　2-7.　茶道
- □ 7-1.　三種の神器

し
- □ 6-8.　自殺率
- □ 6-9.　地蔵
- □ 3-4.　七五三と十五の持つ意味
- □ 1-12.　時代祭り
- □ 9-6.　注連飾り
- □ 1-3.　注連縄
- □ 4-4.　十二単衣
- □ 4-1.　シャチ
- □ 7-4.　修学旅行
- □ 7-3.　常用漢字の数
- □ 6-3.　除夜の鐘
- □ 7-4.　塾
- □ 4-玉.　将軍
- □ 10-4.　障子
- □ 10-8.　書道
- □ 1-1.　神道
- □ 1-4.　神社のお祈りの方法

す
- □ 10-1.　水墨画
- □ 10-8.　硯

せ
- □ 5-6.　成人式
- □ 4-7.　扇子

そ
- □ 1-6.　葬式の場所

た
- □ 1-6.　大安
- □ 9-8.　田植え
- □ 10-4.　畳

※数字は参照 Chapter と番号です。「玉」は「玉虫の宝庫」、「オリ」は「あなたもオリジナルのツアーを作ってみませんか？」の略です。

- ☐ 1-4. 橘と長寿の関係
- ☐ 7-玉 七夕

ち
- ☐ 4-8. 違い棚
- ☐ 4-2. ちょんまげ

つ
- ☐ 8-4. 月見
- ☐ 1-5. 角隠し
- ☐ 4-12. 鶴と亀

て
- ☐ 1-2. 手水舎でのお清めの方法

と
- ☐ 10-7. 豆腐
- ☐ 5-7. 通し矢
- ☐ 9-7. 年越しそば
- ☐ 10-5. 床の間
- ☐ 1-2.
- 　9-1. 鳥居

な
- ☐ 2-7. 南天

に
- ☐ 6-3. 仁王
- ☐ 1-6. 日本人が宗教を二つ以上もつ理由
- ☐ 6-7. 日本人が長生きする理由
- ☐ 1-6. 日本におけるキリスト教の歴史
- ☐ 9-8. 日本の米
- ☐ オリ 日本の国歌
- ☐ 6-7. 日本人の平均寿命
- ☐ 1-5. 日本の花嫁と白無垢と角隠し
- ☐ 10-5. 日本人の一人当たりの居住床面積
- ☐ 7-5. 日本の夫婦の一人あたりの子供数
- ☐ 10-5. 日本人の持ち家率

ね
- ☐ 9-6. 年賀状

は
- ☐ 5-8. 羽織
- ☐ 8-8. 墓参り
- ☐ 5-4. ハスの花
- ☐ 2-4. バブル経済
- ☐ 4-3. 腹切り

ひ
- ☐ 8-8. 彼岸
- ☐ 6-11. 瓢箪

ふ
- ☐ 6-5. フクロウ
- ☐ 4-3. 武士が二刀持った理由
- ☐ 10-4. ふすま
- ☐ 2-8. 不動明王
- ☐ 5-8. 振袖

へ
- ☐ 1-玉. 平安時代の特徴

ほ
- ☐ 2-3. 鳳凰
- ☐ 10-2. 菩提達磨
- ☐ 8-7. 盆
- ☐ 8-8. 盆踊り
- ☐ 2-5. 盆栽

ま
- ☐ 6-12. 舞妓
- ☐ 4-9. 眉ぞり

や
- ☐ 1-11. 厄年
- ☐ 5-6. 柳のお加持

ゆ
- ☐ 10-7. 結納品
- ☐ 10-7. ゆば

よ
- ☐ 5-4. 寄木造
- ☐ 7-4. 予備校

り
- ☐ 1-3. 龍（水の神様）
- ☐ 2-6. 龍門の滝

れ
- ☐ 10-7. レンコン

ろ
- ☐ 5-5. ろうそく・線香・花

わ
- ☐ 10-4. 和室

009

京都について　押さえておきたい基本の知識 22

1. 千年の都の京都

京都は千年の都市です。

Kyoto is the 1,000-year capital.

＊実際には 1,100 年ですが 1,000 年のほうが観光客の印象に残ります。

2. 京都の位置

① 京都は日本の西日本の中心部に位置します。

Kyoto is situated in the central part of western Japan.

② 東京からの距離は西に 500 キロメートルです。

It is about 500 kilometers west of Tokyo.

③ 京都から東京までは新幹線で約 2 時間半かかります。

It takes about two and a half hours from Kyoto to Tokyo by Shinkansen.

3. 京都を簡単にバス観光できる理由

道路は碁盤目に造られているので、京都では楽に移動できます。

The streets are laid out in a grid pattern, so it is easy to get around in Kyoto.

4. 京都が碁盤目に造られている理由

中国の長安にならって造られました。

It was modeled on Chang'an of China.

5. 京都市の大きさ（面積）

京都市の総面積は約 827 平方キロメートルです。

The total area of Kyoto City is about 827 square kilometers.

6. 京都市の気候

① 京都市の年間平均気温は摂氏 16 度です。

Kyoto City's annual average temperature is 16 degrees Centigrade.

② 平均年間降水量は約 1,500 ミリです。

The annual average rainfall is about 1,500 millimeters.

③ 京都は山に囲まれた盆地で、夏はとても暑く湿気が多く、冬はとても寒いです。
Kyoto is surrounded by mountains and lies in a basin, so summers are very hot and humid and winters are bitterly cold.

7. 京都市の人口

① 京都市の人口は約 150 万人です。
Kyoto City has a population of about one and a half million people.

② 京都市は 7 番目に大きな都市です。
Kyoto City is the seventh largest city in Japan.

8. 京都市の寺社仏閣の数

① 京都市には約 1,650 のお寺があります。
Kyoto City has about 1,650 Buddhist temples in Kyoto.

② 京都市には約 380 の神社があります。
Kyoto City has some 380 Shinto shrines.

9. 京都にある世界文化遺産

京都には 17 の世界文化遺産があります。○○は世界文化遺産に登録されています。
There are 17 World Heritage Sites designated by UNESCO in Kyoto.
○○ is listed as a World Heritage Site by UNESCO.
〈京都の世界遺産〉
上賀茂神社　下鴨神社　東寺　清水寺　延暦寺　醍醐寺　仁和寺　平等院
宇治上神社　高山寺　西芳寺　天龍寺　金閣寺　銀閣寺　龍安寺　本願寺　二条城

10. 京都に伝統ある建物や芸術作品が残っている理由

京都は第二次世界大戦中、爆撃の対象にはなりませんでした。
Kyoto was not targeted for bombing during the Second World War.

11. 京都市は世界の歴史都市の姉妹都市

京都市はパリ、ボストン、フィレンツェ、ケルン、プラハなど歴史都市の姉妹都市です。
Kyoto City is a sister city of historical cities such as Paris, Boston, Florence, Cologne, and Prague.

12. 京都にある大学の数

京都は学術都市でもあり、京都府には約 40 の大学と短大があります。

Kyoto is also an academic city and has about 40 universities and colleges in Kyoto Prefecture.

13. グローバルなハイテク企業の本社

① 任天堂や島津製作所や京セラなどのようなハイテク企業の本社が京都にあります。

Global high-tech corporations such as Nintendo, Shimazu, and Kyocera have their head offices in Kyoto.

② 京セラは京都の伝統的な陶磁器の製造技術を用いて発展しました。

Kyocera developed their products through the use of Kyoto's traditional ceramics manufacturing technology.

14. 近代的な京都駅前ビル

① 京都駅ビルは 1997 年に竣工し、60 メートルの高さがあります。

The Kyoto Station Building was completed in 1997 and it is 60 meters high.

② 京都駅ビルの大階段は、谷をモデルにして造られました。

The stairs of Kyoto Station Building's grand staircase was modeled on a valley.

15. 錦市場は京の台所

錦市場は京都の高級料理店の需要に応えるだけでなく外国人観光客にも人気があります。

Nishiki Market not only caters to high-class Kyoto restaurants but is also popular with foreign tourists.

16. 生粋の京都人

生粋の京都人というには家系図が 16 世紀にまでさかのぼれなければならないと言う人たちがいます。

Some people say that to be a real Kyotoite, your family tree must go back to the 16th century.

17. うなぎの寝床と呼ばれている町家

町家が「うなぎの寝床」の愛称で呼ばれている理由は奥行きが広く幅が狭いからです。

The reason why "Machiya" is nicknamed "eel bed" is that they are long and narrow.

18. 2つの機能を持つ町家

町家では日常生活と商売の両方ができます。

People can live their daily lives and run their business in these Machiya.

19. 先斗町

① 先斗町は京都の繁華街にあります。

Pontocho is situated in downtown Kyoto.

② 伝統的な町家スタイルのレストランが先斗町で見つかります。

You can find restaurants in traditional Machiya houses in Pontocho.

20. 西陣織と友禅染

① 西陣織の加工過程においては、絹糸が織る前に染められます。

In the Nishijin weaving process the silk threads are dyed before they are woven.

② 友禅染は最も優れた着物の染色技術の一つで、訪問客に工房を開けているギャラリーがあります。

Yuzen is one of the best *kimono* dyeing techniques and some galleries open their studios for visitors.

21. 京都の伝統産業

京都の伝統産業は和風と洋風を組み合わせようとしています。

Kyoto's traditional industries try to combine Japanese and western style.

22. 京都国立博物館と京都文化博物館

① 伝統美術のコレクションをご覧になりたければ、京都国立博物館を訪れてください。

If you want to see a collection of traditional arts, please visit The Kyoto National Museum.

② 京都の歴史を知りたければ、京都文化博物館にいらしてください。

If you want to find out about the history of Kyoto, please visit The Museum of Kyoto.

通訳ガイドの基礎英語

1. 一番使われる表現

〜をご覧ください。　**Please look at** 〜 .

例：富士山をご覧ください。
　　Please look at Mt. Fuji.

2. 到着したときの表現

〜に到着いたしました。　**Here we are at** 〜 .

例：金閣寺に到着しました。
　　Here we are at the Temple of Golden Pavilion.

3. 観光地での案内に役立つ表現

① 右手に見えますのは〜です。　〜 **is on the right.**
　　　　　　　　　　　　　　　〜 **is on the right-hand side.**

例：右手に見えますのは大阪城です。
　　Osaka Castle **is on the right.**

② 右側の〜は、…です。　〜 **on the right** ...

例：右側の仁王は口を開いていて、左側の仁王は口を閉じています。そのことは
　　宇宙の初めと終わりを意味しています。
　　The Deva King **on the right** has his mouth open, and the one on the left has his
　　mouth closed, symbolizing the beginning and end of the universe.

③ 真正面に見えるものは〜です。　〜 **is right in front of us.**

例：真正面に見えますのは、五重塔です。

> ● 観光地で
> 　A five-storied pagoda **is right in front of us**.
> ● バスの中で
> 　**Right in front of us** is a five-storied pagoda.

観光地での表現とバスの中からの表現を比較してみましょう。バスの中での表現に
は倒置法が使われています。バスは動いているので、窓からの景色はすぐに変わり
ます。先に Right in front of ... と視線を前に集めるように話し、それから景色の説
明をするほうがよいからです。

4. 建物などの位置を説明する表現

～は…に向いています。　～ is facing ...
例：鳥居は太陽の光が入ってくるように南を向いています。
　　The *Torii* is facing south so that the sunlight can enter.

5. 逸話を語るときの表現

例：弁慶は 90 キロの鉄杖を持ち上げることができました。

① ～と言われている　It is said that ＋（主語＋動詞）
It is said that Benkei was able to lift up this 90 kg iron staff.

② 伝説によれば～　According to legend,（主語＋動詞）
According to legend, Benkei was able to lift up this 90 kg iron staff.

③ 伝説では～　Legend says that ＋（主語＋動詞）
Legend says that Benkei was able to lift up this 90 kg iron staff.

④ ～という話である　The story goes that ＋（主語＋動詞）
The story goes that Benkei was able to lift up this 90 kg iron staff.

通訳ガイドの心得ラッキー8

1. 常に知識欲を持ち、話の引き出しを増やすように努力しましょう。

2. 心と心のふれあいを大切にし、文化、習慣の違いに気を配り、観光客の立場になって何を求められているかを感じとりましょう。知識をひけらかしてはいけません。

3. 観光する寺社仏閣等のトイレがどこにあるか、またトイレットペーパーがあるかどうかを、前もって確認しましょう。常に多めにティッシュペーパーを携帯しましょう。

4. グループバスツアーの場合は、バスから降りる際に画用紙などの大きな紙に書いた集合時刻を見せて、集合時刻を再確認しましょう。集合時刻は混乱しやすいので、～時15分、～時50分のように15 (fifteen) と50 (fifty) の数字を使うことを避けましょう。

5. 目の前にあるものを説明するのが基本ですが、重要な行事については、開催されていなければ写真を見せ、漢字の説明などにはビジュアルにうったえる物も持参しましょう。

6. 歴史上の人物名や年代を大きな紙に書いて説明すると、理解してもらいやすいです。（通訳ガイドとして、正確な情報を伝えられます。）

7. レストランを選ぶ場合、ゲストの宗教や食習慣を考慮しましょう。日本食だけでなく、ゲストのお国の料理リストの用意も大切です。

8. 時にはエンターテイナーになりましょう。
Here's a so-called "Shiny Buddhist priest" I made for everybody to pray for good weather! （テルテル坊主です、天気になることを祈って皆さんのために作りました）などのパフォーマンスもしましょう。

Chapter 1

平安神宮

桓武天皇は794年に平安京に都をたてました。その理由は、京都が風水にもとづき、四神相応の「平安楽土」だったからです。「蒼龍」「朱雀」「白虎」「玄武」を四神とするこの思想は、平安神宮にも取り入れられています。平安神宮で、風水について、そして神道と神社についての基本の知識を身につけましょう。

1-1　平安神宮

平安神宮の創建された理由、
祀られている桓武天皇と孝明天皇、神道について

In the taxi

G：通訳ガイド　T：観光客

G: Today's a perfect day for sightseeing! I'd like to explain a little about the Heian Shrine. "Heian" literally means "Peace and **Tranquility**."

T: The name **has a nice ring to** it. Please go on.

G: Well, let me talk about the history of Japan a little bit. In 794, the "Heian Capital" **was established** by Emperor Kanmu. Emperor Kanmu **contributed to** the development of the country by **amending** laws and encouraging learning. The city of Kyoto **looked back on** Emperor Kanmu's achievements and respected him as the ancestral god of Kyoto. Kyoto's citizens thought, "If Emperor Kanmu hadn't established the Heian Capital, the present Kyoto wouldn't exist", and so they decided to **enshrine** Emperor Kanmu. The Heian Shrine was built in 1895 **in commemoration of** the 1,100th anniversary of the foundation of "Heian Capital." This shrine **is dedicated** not only **to** Emperor Kanmu but also **to** Emperor Komei who was the last reigning emperor in Kyoto. Emperor Komei was enshrined in 1940.

T: What was Emperor Komei like?

G: Komei was the emperor who **laid the foundation** of modern Japan. He was enshrined when state Shintoism and nationalism were **at their height**.

T: It sounds complicated. Shrines are Shinto, right? Could you tell me about Shinto?

G: Shinto is the **indigenous** religion of Japan. It's based on nature worship. Shinto is a **polytheistic** religion, and its gods are worshipped at shrines. It doesn't have a **founder** or any **scriptures**.

タクシーの中で

G：今日は観光するには最高のお天気ですね！ 平安神宮について少し説明させて
ください。「平安」は「平和と穏やかさ」を意味します。

T：この名前は響きがいいですね。どうぞ続けてください。

G：ええ、日本の歴史について少し説明させてください。794 年に平安京は桓武
天皇によって開かれました。桓武天皇は、法律を改正すること、学問を奨励
することなどによって国の発展に尽くしました。京都市は桓武天皇の業績を
振り返り、京都の先祖神として尊敬しました。京都の住民は思いました。「桓
武天皇が平安京を開いてくださらなかったら、今日の京都は存在しなかった
だろう」と。それから、桓武天皇を京都の神様としてお祀りすることを決定
しました。そして平安神宮は 1895 年に、平安京遷都 1,100 周年記念として
創建されました。この神社には桓武天皇だけでなく、京都の最後の統治者で
あり、日本の近代化に貢献した孝明天皇も奉祀されています。孝明天皇は
1940 年にお祀りされました。

T：孝明天皇はどんな人だったのですか？

G：孝明天皇は近代日本の土台を築いた方です。神道と国粋主義の絶頂期に祀ら
れました。

T：複雑ですね。神社は神道に属するのですね？ 神道について教えてください。

G：神道は日本固有の宗教です。自然崇拝を基本にしています。神道は多神教で、
神々は神社で祀られています。創始者もいなければ経典もありません。

単語の小箱

☐ tranquility 穏やかさ　☐ have a nice ring to ... …の響きがよい
☐ be established 創立される　☐ contribute to ... …に貢献する
☐ amend 修正する　☐ look back on 振り返る　☐ enshrine 祀る
☐ in commemoration of ... …を記念して　☐ be dedicated to ... …を祀る
☐ lay the foundation 基礎を築く　☐ at *one's* height 最盛期の
☐ indigenous 固有の　☐ polytheistic 多神教の　☐ founder 設立者　☐ scripture 経典

1-2 平安神宮

平安神宮の鳥居と、手水舎でのお清めの方法について

G：通訳ガイド　T：観光客

G: Please look at this *Torii* gate. If you find a *Torii*, you are in a shrine. It's 24.2 meters high. It's one of the largest in Japan. The *Torii* is facing south so that the sunlight can enter.

T: Why is the *Torii* painted **vermilion**? Could you tell me more about *Torii*?

G: The *Torii* is the entrance to a shrine and also divides the **sacred world** from the **ordinary world**. Well, there are several **interpretations** about the color vermilion. Firstly, vermilion is the color of happiness. Secondly, vermilion is believed to **ward off evil spirits**. We can purify ourselves spiritually by **passing through** a *Torii* gate.

T: Why do you call this gate a "*Torii*"?

G: "*Tori*" in Japanese means bird. "*I*" means house. It is said that "*Torii*" originated as **perches** for sacred birds within shrine **compounds**.

In front of the *Temizusha* (washbasin)

G: Here we are at the washbasin, which is "*Temizusha*" in Japanese. We have to purify ourselves here. In Shintoism, purification before praying is of the utmost importance.

T: Can you show me how to purify myself?

G: Please copy what I do. First, hold the **ladle** with your right hand and **scoop up** a ladleful of water and rinse your left hand by **pouring** water over it. Secondly, hold the ladle with your left hand and rinse your right hand by pouring some water over it. Next, hold the ladle with your right hand and pour some water into the cup of your left hand and rinse your mouth with it. You must be careful not to **gargle** with the water or drink it. Then rinse your left hand again by pouring some water over it. Lastly, you should clean the handle of the ladle with all the remaining water by holding the cup upwards and the handle downwards. This is the purification of the ladle. Then, you should put it back where it was.

G：鳥居をご覧ください。鳥居を見つけたらあなたは神社にいることになります。この鳥居の高さは 24.2 メートルです。日本で最も大きな鳥居の一つです。太陽の光が入ってくるように、南向きです。

T：なぜ鳥居は朱色に塗られているのですか？ 鳥居についてもっと教えてください。

G：鳥居は神社への入り口で俗世界と神聖な世界を分けています。そうですね、「朱色」に関しては数通りの解釈があります。一つ目は「朱色」は喜びの色です。二つ目には「朱色」は悪霊を追い払うと信じられています。私たちは鳥居を潜り抜けることで心を清めることができます。

T：なぜこの門を「鳥居」と呼ぶんですか？

G：日本語の「トリ」は、鳥を意味します。「イ（居）」は住居を意味します。鳥居は神社の境内の聖鳥の止まり木が起源だったと言われています。

手水舎（手水鉢）の前で

G：ここは「手水舎」と日本語で呼ばれるお水の鉢の前です。私たちはここで自分を清めなければなりません。神道ではお祈りする前のお清めが重要です。

T：お清めの方法を教えてください。

G：私のやり方に従ってください。最初に、ひしゃくを右手で持って、ひしゃくに水一杯をすくいとって左手に水をかけてすすいでください。二番目に、ひしゃくを左手に持って右手に水をかけて洗ってください。次に右手でひしゃくを持ち、左手の手のくぼみに水を入れて、口をすすいでください。うがいをしたり、水を飲んだりしないように気をつけなければなりません。 それから、もう一度左手に水をかけすすがなければなりません。最後にひしゃくのカップを上にして柄を下にして、残りの水をすべて使い柄を洗います。これが、ひしゃくのお清めの方法です。それから、元の場所に、ひしゃくを戻してください。

単語の小箱

□ vermilion 朱色　□ sacred world 神聖な世界　□ ordinary world 俗世界
□ interpretation 解釈　□ ward off ... …を追い払う　□ evil spirits 悪霊
□ pass through... …を通り抜ける　□ perch 止まり木　□ compound 境内
□ ladle ひしゃく　□ scoop up ... …を汲む　□ pour かける　□ gargle うがいをする

1-3 平安神宮

注連縄、唐代の五つの色が持つ意味、
東を守る龍と西を守る白い虎について

In front of *Otenmon* Gate

G：通訳ガイド　T：観光客

G: This is *Otenmon* Gate which literally means "Heaven Responding Gate."

T: That has a good ring to it. I'm interested in those **intertwined** straw ropes. The ropes are decorated with strips of cut and folded white paper. What are they?

G: It's called a "*Shimenawa*." It's considered to ward off evil spirits and **defilement**.

T: I see. I like the contrast in color between the vermilion and the green of the building. The vermilion structure with its green roofs reflects the influence of **China's Tang dynasty**, doesn't it? Five colors are used, right?

G: That's right. Emperor Kanmu chose Kyoto as the capital of Japan in accordance with Chinese **geomancy**. These five colors each have a meaning. Vermilion represents fire or the south. White represents metal or the west. Black represents darkness or the north. Green represents trees or the east. Yellow means the sun, or the center. Look at the tower in the east. It's called the Blue Dragon Tower. According to Chinese geomancy the Blue Dragon protects the east. The dragon flies into the heavens, so it is considered to be the strongest of all the animals.

T: In America, many people believe the dragon is a symbol of evil.

G: In Japan the dragon is respected as a water god. We pray to the dragon when we pray for rain. Look at the tower in the west. It's called the Tower of the White Tiger. The white tiger protects the west.

T: I see. The white tiger reminds me of Las Vegas, because I saw a white tiger show there.

G: That sounds interesting! The white tiger is an endangered species, isn't it? I'd like to visit Las Vegas someday, too.

応天門の前で

G：これは応天門で、文字どおりは「天に応える門」を意味します。

T：響きがよいですね。絡み合っている縄に目を惹かれます。白い紙を細長く切ったり折ったりした飾りが縄につけられていますよね。あれは何ですか？

G：それは「注連縄」と呼ばれています。注連縄は邪気やけがれを寄せつけないと考えられています。

T：なるほどね。私は建物の朱色と緑色のコンラストが好きです。緑色の屋根のついた朱色の建物は中国の唐の影響を受けているのですね。5色の異なった色が使われていますね。

G：そのとおりです。桓武天皇は中国の風水に従い、京都を日本の都として選びました。これらの5色にはそれぞれ意味があります。朱色は火、南を意味します。白色は金属、西を意味します。黒色は暗闇、北を意味します。緑色は木、東を意味します。黄色は太陽、中央を意味します。東の塔をご覧ください。それは蒼龍楼と呼ばれています。中国の風水によれば蒼龍は東を守ると言われています。龍は空に舞い上がるのですべての動物の中で一番強いと考えられています。

T：アメリカでは、多くの人は龍は悪の象徴であると信じています。

G：日本では、龍は水の神様として尊敬されているんですよ。雨乞いするときは、龍に祈ります。西の塔をご覧ください。白虎楼です。白い虎は西を守ります。

T：なるほど。白い虎でラスベガスを思い出しました。ホワイトタイガーショーを、ラスベガスで見たんです。

G：それは面白そうですね。ホワイトタイガーは絶滅危惧種ですね？　私もいつかラスベガスに行ってみたいです。

単語の小箱

□ intertwined 絡み合った　□ defilement 汚れ
□ China's Tang dynasty 中国の唐
□ geomancy 風水

1-4 平安神宮

左近の桜・右近の橘、神社での拝み方、
拍手を打つ理由、5円がお賽銭としてよい理由について

In front of the cherry tree and the citrus tree

G：通訳ガイド　T：観光客

G: Look at the cherry tree on the right and the **citrus tree** on the left. The cherry tree is a symbol of loyalty. The *samurai* **are** often **compared to** cherry blossoms.

T: Why is that?

G: Because cherry blossoms symbolize the manliness of the *samurai*.

T: But why? The *samurai* sound strong, but cherry blossoms look weak.

G: They have one thing in common. Cherry blossoms are in full bloom for only one week and disappear very beautifully. The *samurai* wanted to depart from this world beautifully, too. They preferred to die gracefully than to be put to shame. That's why they are compared to cherry blossoms. The *samurai* **were loyal to their masters**, so cherry blossoms are a symbol of loyalty. The citrus tree is a symbol of **longevity**.

T: Why is that?

G: Citrus fruit has been regarded as a "**wonder drug**" that gives us long life.

In front of the shrine sanctuary

G: Let me teach you how to pray at a Shinto shrine. Bow slightly, throw money into the **offertory box**, bow deeply twice, and **clap your hands** twice. Say your name and address and **make a wish**. Bow deeply once again. This signifies the end of the prayer.

T: I have two questions. Why do you clap your hands?

G: There are two theories. One is that the worshippers are calling the gods. Another is that it is the sound of the creation of heaven and earth.

T: How much money should I throw in?

G: It's up to you, but 5 yen in Japanese is "*Goen*" which sounds the same as the word for "good relationships." Single people pray for a good match by throwing 5 yen into the offertory box.

（左近の）桜と（右近の）橘の前で

G：右側の桜の木と左側の橘の木をご覧ください。桜の木は忠誠心の象徴です。侍は、よく桜の花に例えられます。

T：それはなぜですか？

G：桜の花は侍の男らしさに例えられるのです。

T：しかし、なぜですか？　侍は強そうですが、桜の花は弱そうです。

G：一つ共通点があるのです。桜の花は1週間だけ満開になり、とても美しく散ります。侍もこの世を美しく去りたかったのです。侍は辱められるよりも優雅に死ぬことを好みました。そんなわけで、侍は桜の花に例えられるのです。侍は主君に忠実だったので、桜は忠誠心の象徴です。橘の木は長寿の象徴です。

T：わかりました。なぜ橘が長寿を象徴するんでしょう？

G：橘の実は長寿の「霊薬」とされてきました。

拝殿にて

G：神社でのお祈りの方法を教えましょう。軽くお辞儀してお金を賽銭箱に投げ入れ、深く二度お辞儀し、拍手を二度打ってください。あなたの名前と住所を言ってお願い事をしてください。もう一度深くお辞儀してください。このことはお祈りの終わりを意味します。

T：質問が2つあります。なぜ、拍手を打つのですか？

G：それには2通りの解釈があります。一つは、お祈りする人が神々を呼ぶためだというもの。もう一つは天地創造の音を表しているというものです。

T：どれくらいのお金を投げればいいですか？

G：それはあなた次第ですが、5円は日本語で「ごえん」で、「良縁」を意味する言葉と同じ音に聞こえます。だから独身者は5円を賽銭箱に投げることで良縁を祈願します。

単語の小箱

- □ citrus tree 橘の木　□ be compared to ... …に例えられる
- □ be loyal to *one's* master 主君に忠実である　□ longevity 長寿
- □ wonder drug 霊薬　□ offertory box 賽銭箱
- □ clap *one's* hands 拍手を打つ　□ make a wish 願い事をする

1-5 平安神宮

バブル経済とお賽銭、宮参りや日本の花嫁の角隠しについて

G：通訳ガイド　T：観光客

G: It's said that the largest total amount of money ever thrown into the offertory boxes was when the bubble economy burst in 1993.
T: I can't understand that. Why?
G: We tend to **rely on the gods** when we're in a difficult situation.
T: Oh, look at that young mother holding her crying baby. Her husband looks so happy.
G: That's a "**baby shrine visit**."
T: A baby shrine visit? What's that?
G: It means bringing a newborn baby to a shrine for the first time and praying for a happy growth and **divine blessing**.
T: Is it like **baptism** in the Christian religion?
G: That's right. It's also said that a newborn baby's cries call the gods. Look! The bride and **bridegroom** are coming this way!
T: Wow! They're beautiful! Why do Japanese brides wear a white cloth headdress?
G: That's a "*Tsunokakushi*." It literally means "hiding the horns." **A Japanese bride with a *Tsunokakushi* vows never to get angry and to live a peaceful life.**
T: The bridegroom should wear a white headdress, too.
G: I absolutely agree with you. Shinto wedding ceremonies at the Heian Shrine are very popular. Couples have to book one year in advance to get the days they want.
T: I'm worried that they might change their minds, though.

G：バブルがはじけた 1993 年には年間総計最高額が賽銭箱に投げ入れられたと
　　言われています。

T：それは理解できませんね。どうしてでしょう？

G：私たちは苦しい時に神頼みをする傾向があるのです。

T：おや、泣いている赤ちゃんを抱いている若いお母さんがいますね。ご主人は、
　　とても幸せそうです。

G：あれは「お宮参り」ですよ。

T：お宮参り？ それは何ですか？

G：生まれたばかりの赤ちゃんを神社に初めて連れて来て、赤ちゃんの幸せな成
　　長と神様のお恵みをお祈りすることです。

T：キリスト教の世界の洗礼のようなものですか？

G：そのとおりです。赤ちゃんの泣き声が、神々を呼ぶとも言われています。ほ
　　ら、花嫁、花婿が私たちのほうに向かって歩いてきます。

T：すごい！ おきれいですね！ なぜ日本の花嫁さんは白い布のヘッドドレスをつ
　　けているんですか？

G：それは「角隠し」なのです。「角を隠すもの」という意味です。
　　角隠しを付けた日本の花嫁は決して怒らず、平和な生活を送ることを誓うの
　　です。

T：花婿も白いヘッドドレスを付けるべきですよ。

G：全くの同感です。平安神宮での神道式の結婚式は、とても人気があります。
　　カップルは、希望の日を選ぶには、1 年前から予約しなければなりません。

T：気持ちが変わらないかどうかが心配ですが。

単語の小箱

□ rely on the gods 神に頼む　□ baby shrine visit お宮参り　□ divine blessing 神の恵み
□ baptism 洗礼　□ bridegroom 花婿

1-6 平安神宮

六曜と大安・仏滅、日本の宗教について

G：通訳ガイド　T：観光客

G: Today is a "*Taian* Day." We tend to choose to hold happy events such as wedding ceremonies, birth ceremonies, and so on on a "*Taian* Day."

T: What's a "*Taian* Day"?

G: It's one day in the **recurring sequence** of six days in the Chinese calendar known as "*Rokuyo.*" "*Taian* Day" means "Lucky Day." We tend to avoid having events on "*Butsumetsu* Day" which is associated with Buddha's death.

T: By the way, where do you hold **funeral ceremonies**?

G: We hold funeral ceremonies mainly in temples.

T: I see. I've read in a book that the Japanese are more interested in ceremonies and actions than doctrines. That book also said that a majority of Japanese are believers in two religions or more. Is this true?

G: Yes, you could say that. The total number of believers in Shintoism, Buddhism and Christianity is said to be twice as large as the population of Japan. This may be due to the fact that Shintoism has no founder or scriptures. The **polytheistic** nature of Shintoism means we have no objection to holding wedding ceremonies in Christian churches even if we aren't Christians. Young couples probably find it romantic.

T: That's interesting. Could you tell me about the history of Christianity in Japan?

G: Christianity was introduced in 1549, but it was **banned** for political reasons in 1612. This situation continued until the end of the 19th century when Japan established **diplomatic relations** with America and European countries. The ban on Christianity **was lifted** in 1873. Now, Japanese people can choose their own religion thanks to the freedom of religion **guaranteed by law**. It is said that two million people are of the Christian faith.

G：今日は「大安の日」です。私たちは結婚や誕生などのおめでたい行事を「大安の日」に行う傾向があります。

T：「大安の日」とは何ですか？

G：「六曜」として知られる古い中国の暦注の一つです。「大安の日」は「幸運な日」を意味します。お釈迦様がお亡くなりになった日と結びつく「仏滅の日」には、私たちは行事を行うことを避ける傾向にあります。

T：ところで、葬式はどこで行うのですか？

G：お葬式は主にお寺で行います。

T：なるほど。日本人は教義よりも儀式や実践に興味があると書かれた本を読んだことがあります。また、大多数の日本人は 2 つ以上の宗教を信じているともその本には、書かれていました。そうなのですか？

G：そうとも言えますね。神道、仏教、そしてキリスト教の信者の総数は日本の総人口の 2 倍だと言われています。これは、神道には創始者や経典がないことが理由のようです。多神教の性格を持つ神道では、クリスチャンでないのに教会で挙式しても特に問題になりません。おそらく、若いカップルはそれをロマンチックだと思っています。

T：それは面白いですね。日本におけるキリスト教の歴史について話してくださいませんか？

G：キリスト教は 1549 年に日本に紹介されましたが、1612 年には政治的な理由から禁止されました。この状況は、日本がアメリカやヨーロッパと国交を開いた 19 世紀末まで続きました。1873 年にキリスト教禁止令は解かれました。今では、日本人は法律で保証された宗教の自由のおかげで、宗教を選べます。200 万人がキリスト教の信仰を持っていると言われています。

単語の小箱

□ recurring 循環する　□ sequence 一連　□ funeral ceremony 葬式
□ polytheistic 多神教の　□ banned 禁じられている
□ diplomatic relations 外交　□ be lifted 解かれる
□ guaranteed by law 法律で保証された

1-7 平安神宮

絵馬や、桜おみくじと一般的なおみくじについて

In front of *Ema*

G：通訳ガイド　T：観光客

- **T**: What are these tablets with pictures?
- **G**: They're **votive picture tablets** called "*Ema*." They originally had a picture of a horse on them due to the fact that people once **made offerings of living horses**. In this shrine, the votive picture tablets bear a picture of a cherry tree and a citrus tree or a picture of the Heian Shrine in the four seasons. People write their wishes on "*Ema*" and offer them to shrines or temples when they pray for something. Or they write thank you notes and offer them when their prayers are answered.
- **T**: Could you tell me what's written on this one?
- **G**: It says, "I pray that I can enter Kyoto University."

In front of an *Omikuji* cherry tree

- **T**: Wow! What are these pink pieces of paper tied to the branches of the trees? They look like cherry blossoms.
- **G**: They're "*Omikuji*." *Omikuji* means **fortunes** written on slips of paper. Generally, there are five kinds of fortune: great fortune, good fortune, good fortune in the future, bad fortune, and great misfortune. Do you want to draw one?
- **T**: Yes. I'm a little bit nervous. Can you read it for me?
- **G**: "Great misfortune." Don't worry about it. Some people say there are too many "Great fortunes," and only a few "Great misfortunes," so if you draw a fortune which says "Great misfortune," you may be very happy.
- **T**: Thanks. Seeing that my fortune is "Great misfortune," I'd better be careful in everything I do. I'll be sure to succeed that way.
- **G**: People who draw bad luck tie it to a branch, praying that their bad fortune will **be driven away**. But during this cherry blossom season, even if you draw good fortune you can write your wish on the *Omikuji* and tie it to a branch of this tree, praying that your wish will be granted. Look at that tree over there with white pieces of paper tied to its branches. *Omikuji* are usually white.

絵馬の前で

T：これらの絵のついた板は何ですか？

G：これらは「絵馬」と言われる奉納板です。人々が昔は生きた馬を奉納してい
たため、もともとは馬の絵が描かれていました。この神宮では、絵馬は桜と
橘の絵、または四季の平安神宮の絵が描かれています。人々は願い事を絵馬
に書いて願い事をし、何か祈るとき、または願いが叶ったときに、お寺や神
社にお礼を書いて絵馬を奉納します。

T：何が書かれているのか教えていただけませんか？

G：「京都大学に入学できますように」だそうです。

おみくじの桜の前で

T：すごい！ 木の枝に結び付けられた桜色の紙は何ですか？ これらの紙は桜の花
のように見えます。

G：これは「おみくじ」です。「おみくじ」は小さな紙片に運勢が書かれたもので
す。一般的に、おみくじには5種類の運勢があります。大吉、中吉、末吉、
凶、大凶です。引いてみたいですか？

T：はい。ちょっと緊張しますね。読んでくださいませんか？

G：「大凶」です。気にしないでくださいね。「大吉」が多すぎて「大凶」は少し
しかないので、（数少ない）「大凶」を引きあてるのは、ラッキーなことかも
しれないと言う人もいますから。

T：ありがとう。私の運勢は「大凶」なので何をするにも注意すべきですね。そ
うすれば間違いなく成功するでしょう。

G：凶を引いた人は、悪運が追い払えるようにと、枝に結びつけます。しかし、
この桜の季節には、吉のおみくじを引いても、願いが叶うようにとおみくじ
に書いて、木の枝に結びつけます。向こうにある木を見てください。 おみく
じは通常は白色なんです。

単語の小箱

□ votive picture tablet 絵馬・奉納板
□ make offerings of living horses 生きた馬を奉納する
□ fortune 運　□ be driven away 追い払われる

平安神宮

南神苑のしだれ桜や、
日本で一番古いチンチン電車について

G：通訳ガイド　T：観光客

G: The Heian Shrine is noted for its sacred garden. It has a total area of 33,000 square meters. Many gardeners are employed here throughout the year. It contains four parts. Let's enter.

In the Minami Shin-en (South Sacred Garden)

G: This cherry tree looks like a pink umbrella **at the height of the cherry blossom season**.

T: Wow! It still looks like one!

G: This **weeping cherry tree** could well be said to symbolize spring in Kyoto. The south garden is called "Heian no sono." Imagine the aristocrats composing poems here. You can enjoy 180 kinds of trees and flowers which appear in the literature of the Heian Era which began at the end of the 8th century and ended at the end of the 12th century.

T: I'd read the literature of the Heian period if I could read Japanese.

G: Even Japanese people like me have difficulty reading Heian period literature.

In front of a streetcar

T: What's this train doing here?

G: The first **streetcar** line in Japan opened in Kyoto. This streetcar was nicknamed the "Chin Chin Train," or, in English, "Ding-ding Train," because of the sound it made. It was much loved by the people of Kyoto. It started running in 1895, the year of the Heian Shrine's foundation, with the purpose of **reviving** Kyoto. It has **been exhibited** here since it **went out of service** in 1961.

T: Can I get on it?

G: No, I'm afraid you can't. It's an exhibit. Let's enjoy walking around the garden.

G：平安神宮は神苑で有名です。この庭の総面積は3万3千平方キロメートルです。たくさんの庭園師が1年を通して雇われています。神苑は四つの庭に分かれています。さあ、お庭に入りましょう。

南神苑にて

G：この桜は満開の季節にはピンクの傘のように見えます。

T：すごいですね！今でもそのように見えますよ。

G：このしだれ桜が京都の春を象徴しているとも言えるのです。
南のお庭は「平安の苑」とも呼ばれています。貴族たちが和歌を詠む様子を想像してみてください。8世紀の終わりから12世紀の初めまで続いた平安時代の文学に出てくる、180種類の木とお花を楽しめますよ。

T：日本語を読めたら、平安時代の文学を読むんですが。

G：私のような日本人でも、平安時代の文学を読むのは難しいですよ。

市電の前で

T：この電車はどうしてここに？

G：日本初の市街電車は京都で始まりました。この市電は電車が出す音にちなんで「チンチン電車」と呼ばれました。京都の人にとても愛されていました。平安神宮が創建された1895年に京都を復興させる目的で運行し始めました。1961年に運行停止になってから、ずっとここに展示されています。

T：乗ってもいいですか？

G：いいえ、残念ですが、乗れないんです。これは展示品なんですよ。では、お庭を歩きましょう。

単語の小箱

□ at the height of the cherry blossom season 桜の花の満開期に
□ weeping cherry tree しだれ桜
□ streetcar 市電　□ revive 復興させる
□ be exhibited 展示される　□ go out of service 不通になる

1-9 平安神宮

茶道の心得や西神苑の白虎池の説明、
小川のシジミについて

In front of a teahouse named "Cho-shin-tei"

G：通訳ガイド　T：観光客

G: This is a teahouse named "Cho-shin-tei."

T: It looks very simple.

G: In Zen Buddhist philosophy, your spirit beautifies your surroundings. For example, you can find several **stepping-stones** in front of the teahouse. The host of the tea ceremony **sprinkles** water to welcome the guests with a fresh mind and he wipes the stepping-stones so that the guests don't slip.

T: I can see that the host is trying to welcome the guests with the utmost care.

G: There are many rules to follow, but the **inner disposition** is more important than the **ritual forms**. So we practice tea ceremony not only to learn etiquette but also to cultivate the **inner self**.

T: Is it possible for me to attend the tea ceremony as a guest?

G: If you learn the minimum number of rules, you can. The most important thing for the guest is to express gratitude for the hospitality shown by the host.

At the entrance to the Nishi Shin-en (West Garden)

G: This is the "Byakkoike" which means "White Tiger Pond."

T: That means that we're in the western part of the garden, because the white tiger protects the west.

G: That's right. About 2,000 irises come into bloom here in early summer.

At the garden stream

G: Look! You can find **freshwater clams** here. They once disappeared because of the water pollution, but came back.

T: The **reappearance** of freshwater clams indicates that the water has been purified, does it?

茶室「澄心亭」の前で

G：これは、「澄心亭」という名の茶室です。

T：とても質素な見かけですね。

G：禅仏教の哲学では、精神が周囲を美しくするそうです。例えばこの茶室の前に飛び石がありますね。亭主は来客をさわやかな気持ちで迎えるために打ち水をして、人々が飛び石で滑らないように、その水をふき取ります。

T：亭主がお客様を丁重にお招きしているのがわかりますね。

G：従わなければならないルールがたくさんありますが、精神面が儀式の形よりも、もっと大切です。エチケットを学ぶだけでなく、内なる自己を育成するために、お茶の儀式を練習するのです。

T：私がお茶席に客として参加することはできるでしょうか？

G：最小限のマナーを学べば、大丈夫ですよ。客人にとって一番大切なのは主人が示してくれたもてなしに対する感謝を表現することです。

西神苑（西の庭）の前で

G：これは「白虎池」で、「白い虎の池」を意味します。

T：このことは私たちが庭の西側にいることを意味するのですね。なぜならば白い虎は西側を守るからです。

G：よく理解できていますね。初夏には約 2,000 もの花菖蒲が咲きますよ。

庭の小川の前で

G：見てください。ここには、シジミがいますよ。水質汚染のために一度はいなくなったのですが、戻ってきたのです。

T：シジミの再来は水がきれいになったことを証明しているんですね。

単語の小箱

- [ ] stepping-stones 飛び石　[ ] sprinkle まく
- [ ] inner disposition 精神　[ ] ritual form 儀式の形　[ ] inner self 精神面
- [ ] freshwater clams シジミ　[ ] reappearance 再来

1 - 10　平安神宮

中神苑、臥龍橋、橋殿について

In the Naka Shin-en (Middle Garden)

G：通訳ガイド　T：観光客

G: Now, we are in the Naka Shin-en. Look at the stepping-stones and the island. It's called "Garyuu Bridge." "Garyuu" means "lying dragon." The stepping-stones are the back and the tail of the body.

T: Can I walk on them?

G: OK. The pond is like a mirror. Look at the reflection of the blue sky and clouds in the pond. You can feel as if you are on the back of the dragon, but be careful not to fall into the pond.

After walking on the stepping-stones

T: Wow! I felt I was on the dragon's back, flying up into the sky.

G: Fantastic! I forgot to tell you that the stepping-stones are from bridge supports from the Sanjo Bridge and the Gojo Bridge constructed in the 16th century. If you like to watch movies, you may know "Sayonara" **starring** Marlon Brando in 1957. This is the location of one of the scenes in the movie.

T: I'm afraid I'm not much of a movie fan.

G: Anyway, look at the Chinese-style bridge ahead. Its name is "Taiheikaku". It's a cypress bark-shingled wooden structure. Can you guess why the bridge is covered with a roof?

T: When it rains, you don't need an umbrella?

G: The roof makes this garden look wider. The building named "Shobikan" over there is used by the Heian Shrine to welcome important guests.

T: I see. I'd like to go boating on this pond.

G: Me, too. You can **feed** the carp. This garden borrows Higashiyama as background scenery. I really hope you've enjoyed this "**borrowed landscape garden**" as well as the **Pond Strolling Garden**.

中神苑にて

G：今、私たちは中神苑にいます。飛び石と島をご覧ください。「臥龍橋」と呼ばれています。それは「横たわっている龍」を意味します。飛び石は背中と尻尾です。

T：上に乗って歩いても、いいでしょうか？

G：いいですよ。池は鏡のようになっています。青い空と白い雲が映っている池を見てください。龍の背中に乗っているように感じるでしょう。だけど、池に落ちないように気をつけてくださいね。

飛び石の上を歩いた後で

T：すごいです！　龍の背中に乗って空に舞い上がっているように感じました。

G：素晴らしいですよね。お話しするのを忘れていましたが、飛び石は 16 世紀に建造された三条大橋と五条大橋の橋脚から作られたものです。映画鑑賞がお好きならば、1957 年のマーロン・ブランド主演の「サヨナラ」をご存じかもしれませんね。この場所はその映画の 1 シーンでした。

T：残念ですが、私は映画愛好者ではないんですよね。

G：ところで、前方の中国スタイルの橋をご覧ください。橋の名前は「泰平閣」です。檜皮づくりの木造建築です。なぜ、橋が屋根で覆われているかわかりますか？

T：雨が降っても、傘が必要ないからでしょうか？

G：この屋根がこの庭を大きく見せるからなんです。向こうの尚美館という名の建物は平安神宮が重要なお客様をおもてなしする際に使用されます。

T：なるほど。この池で舟遊びを楽しみたいですね。

G：私もです。鯉に餌をあげられますよ。このお庭は東山を借景にしています。池回遊式庭園でもあり、借景庭園でもあるこのお庭を楽しんでいただけたと思います。

単語の小箱

□ star ... …を主演とする　□ feed 餌を与える
□ borrowed landscape garden 借景庭園　□ Pond Strolling Garden 池回遊式庭園

1-11 平安神宮

酒樽、厄年とお祓い、
門の上の網について

In front of the Otenmon Gate

G：通訳ガイド　T：観光客

T: What are these casks for?
G: They are *sake* **casks**. As the gods like *sake* very much, *sake* is offered to shrines. After the ceremony, people drink the *sake* and share their joy with the gods.
T: What's that written on the *sake* casks?
G: The *sake* makers' names and the names of the *sake*.
T: All these *sake* makers seem to be competing to sell their *sake*, don't they?
G: That's straight to the point!
T: What does this board say?
G: This shows the ages which are considered to be unlucky for both men and women. 42 for men and 33 for women are considered to be the worst years.
T: Is this a **superstition**?
G: No, I don't think so. When my husband was about 42, he often caught colds. I think this has a lot to do with our **physical cycles**. When I was around 33 years old, I **was hospitalized with a stomach ulcer**. My cousin had a traffic accident at the age of 32.
T: So people **become prone to** misfortunes at these ages?
G: I guess so. That's why people have the bad luck **exorcised** by a priest at a shrine.
T: Do the Japanese believe this exorcism works?
G: I think it does. The Japanese in general are more interested in ceremony than in doctrine. It gives us a great feeling of relief.
T: I have one more question. What's that net above the gate for?
G: That net **stops** pigeons **from perching** there and **doing their business**. It's already one o'clock. Shall we have a buffet lunch at a restaurant in the Handicraft Center?

応天門の前で

T：これらの樽は何のための物ですか？

G：酒樽です。神々はお酒が大好きなので、お酒が神社に献納されるのです。儀式の後、人々はお酒を飲み喜びを神々と分かち合います。

T：酒樽には何が書かれているんですか？

G：お酒の製造元の名前とお酒の銘柄です。

T：お酒のメーカー同士がもっと売り上げを上げるために競い合っているようにも思えますよね。

G：核心を突いてますね！

T：この板には、何が書かれているんですか？

G：男性と女性両方の、不運だと考えられる年齢（厄年）が書かれているのです。男性の場合は 42 歳、女性は 33 歳が一番不運な歳だと考えられています。

T：迷信ですか？

G：迷信だとは思いません。私の夫が 42 歳くらいの頃はよく風邪を引きました。私は、これは体のサイクルと深い関係があると思います。私が 33 歳の頃、胃潰瘍で入院しましたよ。それに、いとこは 32 歳で交通事故にあいました。

T：厄年の人々は、不運な目に遭う傾向にあるということですね？

G：そんな気がします。だから、人々は神社で神主さんに厄を祓ってもらいます。

T：日本人は、お祓いに効き目があると信じているのですか？

G：わたしは効き目があると思います。概して、日本人は教義よりも儀式を重んじる傾向にありますからね。お祓いはある種の安堵感を与えてくれます。

T：もう一つ質問です。あの門の上の網は何ですか？

G：あの網は鳩がとまって糞をするのを防ぐためのものです。もう 1 時です。ハンディクラフトセンターのビュッフェでお昼を食べましょうか。

単 語 の 小 箱

☐ cask 樽　☐ superstition 迷信　☐ physical cycles 肉体のサイクル
☐ be hospitalized with a stomach ulcer 胃潰瘍で入院する
☐ be(come) prone to ... …になりやすい　☐ exorcise お祓いをする
☐ stop ~ from ... ing ～が…するのをやめさせる　☐ do one's business 糞をする

1-12 平安神宮

京都千年の歴史を見ることができる
時代祭について

G：通訳ガイド　T：観光客

G: Let me show you a picture of the "Jidai Matsuri" which means "The Festival of Ages." "Jidai Matsuri" is one of Kyoto's three biggest festivals and is held on October 22. This festival began **in celebration of** the 1,100th anniversary of the establishment of Kyoto as the capital city.

T: In the same year that the Heian Shrine was founded?

G: Yes. They wanted to revive Kyoto which was showing signs of decline after the Meiji Restoration. At the time of the Meiji Restoration, all the important facilities had been transferred to Tokyo. Kyoto people initiated a festival that would clearly present the history of their city. The highlight is a **procession** of people dressed in various different costumes which represent the different ages of Kyoto's history over more than ten centuries. The procession begins with the Meiji Restoration and ends with the Heian Era.

T: Let me have a look at the pictures. All the costumes, furniture, and festival accessories look **authentic**!

G: Yes, they're authentic **reproductions**. There are two main purposes to this festival. One is to **express gratitude** to both Emperor Kanmu and Emperor Komei and to show them Kyoto's prosperity. The other is to **showcase** the skills of Kyoto's craftsmen, **cultivated** over 1,000 years. So, first, a Shinto ritual is performed, and the spirits of the shrine's two gods, Emperor Kanmu and Emperor Komei, are transferred to a portable shrine called a "Mikoshi" and the procession heads toward Kyoto Imperial Palace. And then the procession of the Festival of Ages begins.

T: How long is the procession?

G: It's 2 kilometers long. It takes about 3 hours to go by. As many as 2,000 people take part in this procession. The starting point is Kyoto Imperial Palace and their destination is the Heian Shrine.

G：「時代の祭り」を意味する「時代祭」の写真をお見せしましょう。「時代祭」は京都の三大祭の一つで 10 月 22 日に行われます。京都の首都遷都 1,100 年を記念して、このお祭りが始まりました。

T：平安神宮が作られたのと同じ年ですね。

G：はい。明治維新後に衰退のきざしを見せていた京都を復興させたかったのです。明治維新時に、すべての重要な機関が、東京に移しかえられてしまいましたから。京都の人は京都の歴史が明確にわかるようなお祭りを始めたのでした。このお祭りのハイライトは、多彩な衣装で着飾った人々の行列です。その衣装は、京都の千年以上にわたる異なった時代を表しています。行列は明治維新で始まり平安時代で終わります。

T：写真を見せてください。衣装、家具、お祭りの飾りはどれも本物みたいですね！

G：はい、それらは本物の複製品です。今日、このお祭りの目的は 2 点あります。一つは 桓武天皇と孝明天皇に感謝の気持ちを表現し、京都の繁栄をお見せすること。もう一つは千年間培われてきた京都の職人の粋を披露することです。だから、最初に神道の儀式が行われます。そして神社の 2 つのみ魂である桓武天皇と孝明天皇が「みこし」と呼ばれる移動可能な神社に移され、行列が京都御所に向かいます。それから時代祭が始まります。

T：行列の長さはどれくらいですか？

G：2 キロです。約 3 時間かかります。2,000 人もの参加者がこの行列に参加します。出発点は京都御所で目的地は平安神宮です。

単語の小箱

□ in celebration of ... …を祝して　□ procession 行列
□ authentic 本物の　□ reproduction 複製　□ express gratitude 感謝を示す
□ showcase 披露する　□ cultivate 培う

瞬間英作文

1. 平安神宮は 1895 年に平安京遷都 1,100 周年の記念として創建されました。

2. 平安神宮は桓武天皇と孝明天皇を祀っています。

3. 鳥居は神社の入り口で、神聖な世界と俗世界を分けています。

4. 右手で、ひしゃくを持ち、水を一杯くんで左手に水をかけて洗ってください。

5. 注連縄は邪気やけがれを寄せつけないようにするためのものだと考えられています。

6. 京都は風水に従い日本の首都として選ばれました。

7. 橘の実は長寿を与えてくれる霊薬と見なされています。（現在形でも現在完了形でも可）

8. 独身者の中には良縁を願ってお賽銭箱に 5 円を投げる人もいます。

9. 「お宮参り」とは、生まれたばかりの赤ん坊を神社に初めて連れて来て幸福な成長と神様のお恵みをお祈りすることです。

10. 多神教の性格を持つ神道は、キリスト教徒でない人が教会で挙式することを許しているのです。

---

1. in commemoration of ... …の記念として　　2. be dedicated to ... …を祀る
3. ordinary world 俗世界　　4. ladle ひしゃく　　5. ward off ... …を寄せ付けない
6. geomancy 風水　　7. wonder drug 霊薬　　8. offertory box 賽銭箱
9. baby shrine visit 宮参り　　10. polytheistic 多神教の

解 答 例

1. The Heian Shrine was built in 1895 **in commemoration of** the 1,100th anniversary of the foundation of the "Heian Capital."

2. The Heian Shrine **is dedicated to** both Emperor Kanmu and Emperor Komei.

3. The *Torii* is the entrance to a shrine and it also divides the sacred world from the **ordinary world**.

4. Hold the **ladle** with your right hand and scoop up a ladleful of water and wash your left hand by pouring water over it.

5. A *Shimenawa* is considered to **ward off** evil spirits and defilement.

6. Kyoto was chosen as the capital of Japan according to Chinese **geomancy**.

7. Citrus fruit has been regarded as a "**wonder drug**" that gives us longevity.

8. Some single people pray for a good match by throwing 5 yen into the **offertory box**.

9. "**Baby shrine visit**" means bringing a newborn baby to a shrine for the first time and praying for a happy growth and divine blessing.

10. The **polytheistic** nature of Shintoism allows non-Christians to hold wedding ceremonies in Christian churches.

瞬間英作文

11. キリスト教は 1549 年に伝来しましたが 1612 年には政治上の理由で禁止されました。

12. 1873 年キリスト教禁止令は解かれました。

13. このしだれ桜は京都の春を象徴していると言われています。

14. エチケットだけでなく精神の内面にあるものを育成するためにお茶の儀式を練習するのです。

15. シジミの再来は水が清浄化されたことを示します。

16. 「池回遊式庭園」でもあり、「借景庭園」でもあるこのお庭を楽しんでいただけたと思います。

17. 厄を神社で神主さんにお祓いしてもらうことでホッとする人もいます。

18. 「時代祭」、つまり「時代の祭り」が京都の首都遷都の 1,100 年を記念して始まりました。

19. 京都市民は明治維新後、衰退の兆しを見せていた京都を復興させたかったのです。

20. 時代祭のハイライトは京都の千年以上の異なった時代を代表する衣装を身にまとった人々の行列です。

---

11. be banned 禁止される　　12. be lifted 解かれる
13. weeping cherry blossoms tree しだれ桜　　14. inner self 精神面
15. reappearance 再来　　16. Pond Strolling Garden 池回遊式庭園
17. exorcise お祓いをする　　18. in celebration of... …を記念して　　19. revive 復興させる
20. procession 行列

瞬間英作文 ❖ 平安神宮

解答例

11. Christianity was introduced in 1549, but it **was banned** for political reasons in 1612.

12. The ban on Christianity **was lifted** in 1873.

13. This **weeping cherry blossom tree** is said to symbolize spring in Kyoto.

14. We practice tea ceremony not only to learn etiquette but also to cultivate the **inner self**.

15. The **reappearance** of freshwater clams indicates that the water has been purified.

16. I really hope you've enjoyed this "borrowed landscape garden" as well as the "**Pond Strolling Garden**."

17. Some people feel relieved to have their bad luck **exorcised** by a priest at a shrine.

18. The "Jidai Matsuri", or "Festival of Ages", began **in celebration of** the 1,100th anniversary of the establishment of Kyoto as the capital city.

19. Kyoto's citizens wanted to **revive** Kyoto which was showing signs of decline after the Meiji Restoration.

20. The highlight of the Jidai Matsuri is a **procession** of people dressed in various different costumes which represent the different ages of Kyoto's history over more than ten centuries.

玉虫の宝庫

1 1,100年前の平安神宮にタイムスリップ

❶ 鳥居（24.2メートルの日本最大級の鳥居）からは平安神宮の応天門までが見渡せます。通常鳥居の真ん中は正中（神様の通り道）なので、「歩かないように」と観光客に説明することも大切です。ただし、この神宮通は車道なので、そのような説明は不要です。俗世界と聖域を分ける基本的な鳥居の働きを説明しましょう。

❷ 手水舎でお清めの方法を説明しましょう。

境内に入ると1,100年前の京都にタイムスリップ！

❸ 大極殿へと続く回廊、蒼龍、白虎の楼閣の説明をしましょう。

❹ 左近の桜、右近の橘について説明しましょう。大極殿に座る天皇から見て、左側が左近の桜、右側が右近の橘になります。ただし、参拝者から見ると右側が桜、左側が橘です。

❺ 大極殿へ進みご本殿へ参拝しましょう。二礼二拍手一礼、特に拍手を打つ理由の説明をしましょう。

平安時代に花咲いた国風文化から明治まで培われた日本人の感性の結晶・神苑へ

❻ 南神苑のしだれ桜はノーベル賞作家の川端康成の『古都』や、谷崎潤一郎の『細雪』にも書かれています。
南神苑では200種以上の植物が、『伊勢物語』、『源氏物語』、『古今和歌集』、『竹取物語』、枕草子の一節と共に紹介されているのです。

❼ 「チンチン電車」が運行を始めた年と「平安神宮が創建された年」と「時代祭が始まった年」は同じ年（1895年）です。京都復興という同じ志の元で作られたからです。

❽ 西神苑の池の名は白虎池です。風水では西を守るのは白虎とされています。

❾ 中神苑から東神苑に向かう臥龍橋（飛び石）があります。

2 通訳ガイドからのアドバイス

アドバイス 1
観光客が歴史に興味がなさそうな場合、説明は簡単に！

The Heian Shrine was built in 1895 in commemoration of the 1,100th anniversary of the foundation of the "Heian Capital." This shrine is dedicated not only to Emperor Kanmu, the founder of "Heian Capital," but also to Emperor Komei, who was the last emperor in Kyoto and who laid the foundations of modern Japan.（平安神宮は 1895 年に平安京遷都 1,100 年の記念として創建されました。この神社は平安京を開いた桓武天皇だけでなく、京都の最後の天皇で近代化への道を開いた孝明天皇もお祀りされています）のように、短くまとめる練習もしておきましょう。

アドバイス 2
文化の違いを理解し、興味を引く解説を！

In America, many people believe the dragon is a symbol of evil. In Japan, the dragon is respected as a water god. We pray to the dragon when we pray for rain.（アメリカでは、多くの人は龍は悪の象徴であると信じています。日本では龍は水の神様と尊敬されています。雨乞いするとき私たちは龍に祈ります）などと、観光客の出身国の文化と対比させると、説明に興味を持ってもらえます。

アドバイス 3
観光客にもアクティブに参加させる！

手水舎でのお清めや 1-4 のお参りのように、外国人観光客にも楽しく積極的に参加してもらうようにしましょう。手水舎では You must be careful not to gargle with the water or drink it.（うがいをしたり、飲んだりしたりしないように気をつけなければなりません）と強調しましょう。あまり英語のわからない外国人観光客の場合には、ジェスチャーだけでも通じます。

アドバイス 4
侍が桜に例えられる理由など、日本文化を正しく伝える！
（※通訳ガイド試験面接頻出トピック）

The samurai warriors wanted to depart from this world just like cherry blossoms which are in full bloom for only one week and disappear very beautifully.
（桜の花が 1 週間だけ満開になり、とても美しく散るように、侍もこの世を美しく去りたかったのですね）のように、簡潔に説明することもできます。

047

アドバイス 5

日本人の宗教観とキリスト教の歴史はどこで聞かれても答えられるように！
（※通訳ガイド試験面接頻出トピック）

1-6 の 日本人の宗教観と人口に関する説明や、キリスト教徒でない人が教会で挙式したりクリスマスを祝ったりする理由は、日本固有の神道が多神教的な要素（polytheistic nature）を持つから、という理由で OK です。

アドバイス 6

旅の思い出は楽しく！

Don't worry about it. Some people say that there are too many "Great fortunes," so if you draw a fortune which says "Great misfortune," you may be very happy.
（気にしないでくださいね。「大吉」が多すぎると言う人もいますから、「大凶」のおみくじを引いたら、とても幸せになれるのです）のように、占いなどで思わしくない結果が出てしまっても、上手にフォローすることも大切です。

アドバイス 7

自分の経験も話して、親しみのあるガイドを！

ダイアローグでは、厄年（unlucky year）について自分の経験をもとに話しているところが非常によいですね。身の回りのことや個人的な経験も、わかりにくい日本的概念を具体的に説明するのに良い材料です。

3 通訳ガイド体験日記

●時間が足りなかった！
グループバスツアーの場合、神苑にご案内できないことがあり残念でした。

●宗教の話で不愉快な思いをさせてはいけない！
The reality is that many 'Christian' wedding chapels allow non-Christians to have wedding ceremonies: it's a kind of business. Many of the 'priests' are English teachers earning extra cash. （現実は多くの「クリスチャン」の結婚式用の教会ではクリスチャンでない人が結婚式を挙げることを許可しています。一種のビジネスなのです。多くの牧師さんはお小遣いを稼いでいる英語の先生なんです）と説明して、楽しんでくださったお客様もいらっしゃいますが、敬虔なキリスト教徒のお客様には不愉快な思いをさせてしまったこともあります。

●時代を簡単に説明できるようになろう！
（※通訳ガイド試験面接頻出トピック）

南神苑で What was the Heian period like?（平安時代ってどんな時代？）と聞かれ、難しい質問にたじろいでしまいました。次回からはよく準備しておき、At the end of 8th century, the capital was transferred to present-day Kyoto. The Heian period began at the end of the 8th century and lasted until the end of the 12th century. The Heian period lasted for 400 years. Aristocrats under the emperor held the actual power, so the government was controlled by the aristocrats. During the Heian period, the Japanese created their own culture and architecture. For example, thanks to the development of Hiragana and Katakana, the world-famous literary works "The Tale of Genji" and "The Pillow Book" were produced.（8世紀末に都は現在の京都に移りました。平安時代は8世紀初期に始まり、12世紀末まで続きました。平安時代は400年続いたのです。天皇の下で貴族が実権を握りましたので政治は貴族たちによってコントロールされました。平安時代には、日本は独自の文化や建築を生み出しました。ひらがな、カタカナのおかげで『源氏物語』や『枕草子』が生み出されました）と話しました。ひらがなとカタカナの実物を見せると、より親切ですね。

4 ガイド英語 Q&A

質問 1.

鳥居の説明で The *Torii* is the entrance to a shrine and it also divides the sacred world from the ordinary world.（鳥居は神社への入り口で、神聖な世界と俗世界を分けています）の divide の代わりに separate、または demarcate を使ってもよいでしょうか？

はい、お答えします

demarcate は書き言葉なのでここでは不自然ですね。divide と separate は話し言葉として自然に使えます。

質問 2.

1-2 の手水舎でのお清めの方法で、Please copy what I do.（私のやり方に従ってください）とありますが、Please follow what I do. ではないでしょうか？

はい、お答えします

Please follow と Please copy の用法
　× Please follow what I do.

049

○ Please copy what I do.
○ Please follow me.
○ Please follow my advice (instructions).

質問 3.

1-12 に That net stops pigeons from perching there and doing their business.（あの網は鳩がとまり糞をするのを防ぐためのものです）の doing their business を defecating に変えてもよろしいですか？

[はい、お答えします]

フォーマルな医学用語に「排便すること」を意味する defecating がありますがこれは日常会話には使いません。"Doing one's business" が最も相応しい表現です。

5 日本事象をチェック！

□ 1. 神道　□ 2. 鳥居　□ 2. 手水舎でのお清めの方法　□ 3. 注連縄
□ 3. 龍（水の神様）　□ 4. 桜の花と侍の関係　□ 4 橘と長寿の関係
□ 4. 神社のお祈りの方法　□ 5. お宮参り
□ 5. 日本の花嫁と白無垢と角隠し　□ 6. 大安　□ 6. 葬式の場所
□ 6. 日本人が宗教を 2 つ以上持つ理由　□ 6. 日本におけるキリスト教の歴史
□ 7. 絵馬　□ 7. おみくじ　□ 9. 茶道　□ 11. 酒樽　□ 11. 厄年　□ 12. 時代祭
□ 玉. 平安時代の特徴

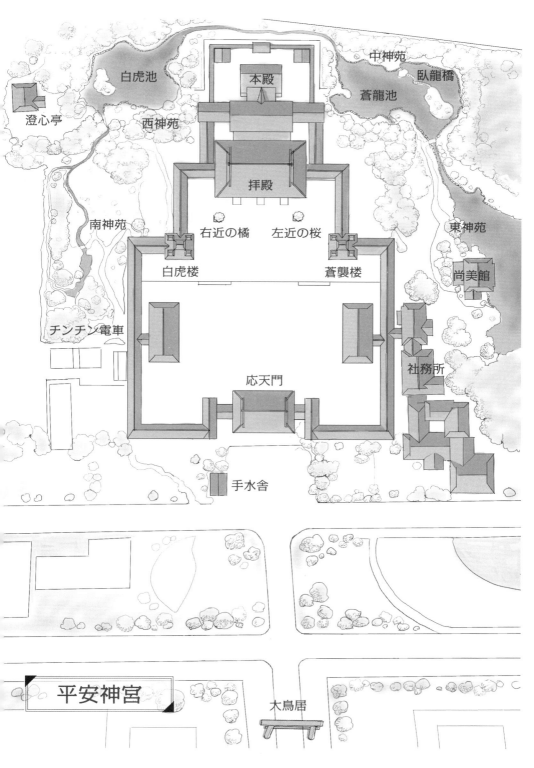

Chapter
2

金閣寺

外国人が最も憧れる金閣寺。鏡湖池にはupside-downの金閣がキラキラと反射しています。将軍・足利義満は金閣からこの景色を見下ろして楽しみ、時には舟を浮かべて遊び、優雅な生活を満喫しました。有力大名たちから献納された美しい石も、義満の権勢を物語っています。

Photo by © Tomo. Yun (http://www.yunphoto.net)

2-1 金閣寺

金閣寺が建立された理由、
正式名や戒名の意味について

G：通訳ガイド　T：観光客

G: Here we are at Kinkakuji Temple. Kinkaku is "Golden Pavilion" in English. Let me explain some of the history of the temple. The **precincts** of the present Kinkakuji used to be a villa belonging to Saionji Kintsune, a court noble. The Golden Pavilion was built by Ashikaga Yoshimitsu in 1397, at the height of the Ashikaga shoguns' power. This was about 100 years before Columbus discovered America.

T: What was Ashikaga Yoshimitsu like?

G: He was the third shogun of the Ashikaga shogunate. He **gained control over** all Japan's feudal lords in 1392. He **contributed to the development of trade** between Japan and China's Ming Dynasty. After his death, the temple **was turned into** a Zen temple officially named Rokuonji. It was called this after his **posthumous Buddhist name**.

T: What's a posthumous name?

G: In Japan, a Buddhist gets a new Buddhist name after death. That is a posthumous name. Getting it means that one has become a **disciple** of the Buddha. Please wait here while I buy some **admission tickets**.

The tour guide comes back with admission tickets

G: Here's your ticket. You can keep this as a **good luck talisman**. For example, if you put this over the entrance door, it will invite happiness and bring you safety.

G：金閣寺に到着しました。金閣は英語では「ゴールデンパビリオン」と呼ばれています。お寺の歴史について少し説明しますね。金閣寺境内は、もとは貴族の西園寺公経の別荘でした。金閣は1397年、足利氏の権力が最高のときに足利義満によって創建されたのでした。それはコロンブスがアメリカを発見する約100年前のことです。

T：足利義満はどんな人だったのですか？

G：彼は足利幕府の三代目の将軍でした。彼は1392年に日本全国の大名の統一に成功しました。彼は日本と中国の明の貿易の発展に貢献しました。彼の死後、お寺は禅寺になり、正式には「鹿苑寺」と名づけられました。彼の戒名にちなんでそう名づけられたのです。

T：戒名とは何ですか？

G：日本では、仏教徒は死んだ後に新しい仏教徒の名をいただきます。それが戒名です。戒名をいただくことはお釈迦様の弟子になることを意味します。拝観券を購入する間、ここでお待ちください。

通訳ガイドが拝観券を持って戻ってくる

G：どうぞ、拝観券です。これをお守りとして持っていてもいいんですよ。例えば、これを玄関ドアの上に貼ると、幸運を招いてくれて、安全な生活を送れます。

単語の小箱

☐ precincts 境内　☐ gain control over ... …を統治する
☐ contribute to the development of trade 貿易に貢献する
☐ be turned into ... … に変えられる　☐ posthumous Buddhist name 戒名
☐ disciple 弟子　☐ admission ticket 拝観券　☐ good luck talisman お守り

2-2 金閣寺

金閣寺の建築様式について

G：通訳ガイド　T：観光客

T: Wow! The Golden Pavilion is so beautiful! The reflections on the pond are very **picturesque**!

G: We can see an **upside-down** Golden Pavilion in this pond, too! This pond is called the "Mirror pond." This is a popular place for photographs. Shall I take one for you?

T: Thank you so much.

After taking pictures

T: It looks as if there are several small islands in the pond.

G: That's a good point. The island in the center symbolizes Japan.

T: I see. I'm very interested in the architectural structure of the Golden Pavilion. The first floor looks different from the second and the third floors.

G: The Golden Pavilion consists of three different types of architecture. The first floor **was modeled on** the houses of the Heian Era nobility. This shows that the shogun Yoshimitsu wanted to imitate the gorgeous life of the Heian nobles. Shogun Yoshimitsu probably welcomed his guests here. The second floor was modeled on the style of samurai warriors' houses. The **ceiling** is beautifully painted. Beauty signifies power. Shogun Yoshimitsu probably welcomed important guests here. The third floor, where the shogun **practiced Zen meditation**, is in the Zen style. The roof **is thatched with shingles**.

T: I can imagine the gorgeous life they lived!

G: Yoshimitsu enjoyed three different types of life in the Golden Pavilion: the life of the Heian noble, the life of the samurai, and the life of Zen. The Golden Pavilion was a symbol of the bubble economy of Yoshimitsu's days.

T: The bubble economy of Yoshimitsu's days?

G: Yes, Yoshimitsu **profited greatly from trade with China's Ming Dynasty**.

T：すごい！ 金閣はとてもきれいです。池に映っている金閣は絵のように美しいですね。

G：この池でさかさまに映っている金閣も見られますね。この池は「鏡湖池」と呼ばれています。この場所は写真を撮る人気の場所ですよ。1枚お撮りしましょうか？

T：どうもありがとう。

写真撮影後

T：この池にはいくつかの小さな島があるようですね。

G：良いところにお気づきになりました。真ん中にある島は日本を表しています。

T：私は金閣の建築様式にとても興味があります。1階は2階や3階とは違って見えますね。

G：金閣は3種類の建築様式から成り立っています。1階は平安貴族の家をモデルにして建築されました。これは義満公が、平安貴族の豪華な生活を真似たかったことを示しています。たぶん、義満公はお客様をここで迎えたんでしょう。2階は武士の家をモデルにして建築されました。おそらく、義満公は重要なお客様をここで迎えたんでしょう。天井は美しく描かれています。美は権力を象徴します。3階は禅様式で、将軍はここで禅の瞑想に耽っていました。屋根はこけら葺きです。

T：どれだけ豪華な生活を送ったか、想像できますよ！

G：義満は金閣で3種類の生活、つまり平安貴族の生活、武士の生活、禅様式の生活を楽しんだのです。金閣は義満の時代のバブル経済の象徴でした。

T：義満の時代のバブル経済ですか？

G：はい、義満は中国の明と貿易をすることで、多くの利益を得たのですよ。

単語の小箱

□ picturesque 絵のような　□ upside-down さかさまの
□ be modeled on ... …を真似る（…をモデルにする）　□ ceiling 天井
□ practice Zen meditation 禅の瞑想に耽る
□ be thatched with shingles こけら葺きである
□ profit from trade with China's Ming Dynasty 中国の明朝との貿易から利益を得る

2-3 金閣寺

義満の夢の館、金閣寺の一番上にあるブロンズの鳳凰について

G：通訳ガイド　T：観光客

G: It's fair to say that Yoshimitsu **showed off his power** in this elegant three-story pavilion.

T: It looks like a "Dream Pavilion." I like the bronze phoenix on the top. It makes the Golden Pavilion look even more gorgeous.

G: Can you guess what the phoenix signifies in Japan?

T: It's probably almost the same as in my country. The phoenix is a symbol of **rebirth**. In Egyptian **mythology** it **rises from the ashes**. According to a Chinese legend, the phoenix is a mysterious bird which appeared with a **saint**, right?

G: You're very well informed! In Japan, the phoenix is a symbol of happiness, too. It comes down into this world to bring its blessings. You can find phoenixes on *kimonos* which are worn on happy occasions. The rooms which are used on these happy occasions are named "Ho-o-no-ma." The Japanese words "Ho-o-no-ma" mean "Phoenix Room."

T: That's interesting! By the way, the Golden Pavilion looks very new. This isn't the original one, is it?

G: No, the original one was burned down by an **arsonist** in 1950. The reconstruction was completed in 1955.

G：義満は、この優雅な３階建てのパビリオンによって、権力を誇示したと言えるでしょう。

T：「夢の館」のようです。一番上にあるブロンズの不死鳥がいいですね。金閣をさらに豪華に見せています。

G：日本では不死鳥（鳳凰）が何を意味するかわかりますか？

T：おそらく、私の国と同じでしょう。不死鳥は復活の象徴です。エジプト神話では灰の中から蘇ります。中国の伝説によれば、不死鳥は神秘的な鳥で聖人と一緒に出現したのです。

G：よくご存知ですね！ 日本では鳳凰は幸せの象徴でもあるのです。この世に祝福するために降りてくるのですよ。おめでたいときに身につける着物には、鳳凰の柄がついています。お祝い事に使われる部屋の名は「鳳凰の間」です。日本語で「鳳凰の間」は「フェニックスルーム」です。

T：面白いですね！ ところで、金閣はすごく新しいみたいですが。オリジナルではないんですね。

G：はい、オリジナルは放火犯に火をつけられて、1950 年に焼失しました。1955 年に再建されたんです。

単 語 の 小 箱

□ show off *one's* power 権力を誇示する　□ rebirth 復活
□ mythology 神話　□ rise from the ashes 灰から蘇る　□ saint 聖人
□ arsonist 放火犯

2-4 金閣寺

三島由紀夫のセミフィクション『金閣寺』と
金閣寺が放火された理由について

G：通訳ガイド　T：観光客

T: Why did the arsonist **set fire to** the Golden Pavilion?

G: It's a mystery, but it was probably because of his unsuccessful life that a **novice monk** set fire to the Golden Pavilion. Yukio Mishima wrote a semi-fictional novel "The Golden Pavilion" about it. According to his novel, a young monk living an unsuccessful life was jealous of the Golden Pavilion, because it was too beautiful. Many things were destroyed during World War II and Japan was **devastated**, but the Golden Pavilion **remained intact**. The Golden Pavilion looked as if it was proud of its beauty.

T: The arsonist was jealous of the Golden Pavilion? Hmm … I can't understand his **motivation**.

G: He probably **personified** the Golden Pavilion. It was reconstructed in 1955 and **was renovated at a cost of** 740 million yen in 1987.

T: 740 million yen!

G: That was during the bubble economy. It was covered with gold that was five times thicker than before.

T: By the way, I'd like to know about the bubble economy.

G: OK. In the 1980's, the strong economy and the strong yen **pushed** the prices of land and stocks **up**. As land and stock prices kept rising, Japanese people were encouraged to **invest** their money **in** land and stocks by **excessive bank financing**. It became impossible for ordinary people to buy homes due to the **sharp rise in land prices**.

T: How did the bubble economy **collapse**?

G: At the beginning of the 1990's, the Bank of Japan adopted a **tight budget policy** in order to **lower** land and stock prices. These **measures** worked better than expected and caused the sudden collapse of the bubble economy.

T：なぜ放火犯は金閣に火をつけたんでしょうね？

G：それは謎ですが、おそらく人生がうまく行っていなかったから、見習い僧は金閣に放火したのでしょう。三島由紀夫はそのことについてのセミフィクションの小説『金閣寺』を書きました。彼の小説によれば、人生がうまく行かなかった若い僧侶は、金閣が美しすぎたので妬んでいたんだそうです。第二次世界大戦で多くの物が破壊され、日本は大きな打撃を受けていましたが、金閣は、そのままの形で残っていました。金閣はあたかも自らの美を誇っているように見えたんでしょう。

T：放火犯が、金閣寺を妬んだ？　うーん、私は彼の動機が理解できません。

G：たぶん、彼は金閣を擬人化したんでしょう。金閣は 1955 年に再建され、そして 1987 年には、7 億 4 千万円の費用をかけて修復されました。

T：7 億 4 千万円！

G：バブル経済の時代だったんです。以前の 5 倍の厚さの金がかぶせられました。

T：ところで、バブル経済について知りたいのですが。

G：はい。1980 年代に強い経済と円が、地価と株価を引き上げました。地価と株価が上昇し続けたため、日本人は銀行の過剰融資により土地と株に投資するように勧められました。一般人は土地価格の急な高騰のために家を購入できなくなってしまったのです。

T：バブル経済はどのようにしてはじけたのですか？

G：1990 年代の初めに日本銀行は地価と株価を引き下げるために緊縮財政策をとりました。これらの対策は予想以上の効果を上げ、急激にバブル経済は崩壊しました。

単語の小箱

□ set fire to ... …に放火する　□ novice monk 見習い僧
□ devastated 荒廃した　□ remain intact そのままの形で残る　□ motivation 動機
□ personify 擬人化する　□ be renovated 修復する　□ at a cost of ... …をかけて
□ push ... up …を引き上げる　□ invest A in B A を B に投資する
□ excessive bank financing 銀行の過剰融資
□ sharp rise in land prices 土地価格の高騰　□ collapse はじける、衰退する
□ tight budget policy 緊縮財政策　□ lower 下げる　□ measures 対策

061

金閣寺

衣笠山を借景とする回遊式庭園と
陸舟の松や盆栽について

G：通訳ガイド　T：観光客

G: Let's walk around this garden. This is a "Borrowed landscape garden" as well as a "**Stroll-style garden**." You can see Mt. Kinugasa in the background. "Kinugasa" means "silk shade." Look at this picture. When it snows, the mountain seems to be covered with a pure white silk shade.

T: That's such a picturesque scene! I'd like to come here on a snowy day sometime.

G: Please follow me. Look at this pine tree. Yoshimitsu is said to have planted it, so it's more than 600 years old. The pine has **been trained** in the shape of a sailing boat. It's **facing west**. The west symbolizes the **western paradise of the Pure Land**, so it is said to be **sailing toward** the Buddhist paradise.

T: A book I read said that Japanese people **have a fascination for** miniaturization. Is this a *bonsai* tree?

G: It used to be a *bonsai* tree. *Bonsai* are **miniature potted trees**. Now, this pine tree is not in a pot and it has grown bigger.

T: So what's the definition of a *bonsai* tree?

G: A *bonsai* is a potted tree which has been miniaturized by using artificial methods such as **pruning** and **wiring**.

T: It looks as if it requires a lot of skills and technique to create this shape.

G：庭を歩き回りましょう。これは「回遊式庭園」であるのと同様に「借景庭園」です。背景に衣笠山を見られます。「衣笠」は「絹の笠」を意味します。この写真をご覧ください。雪が降れば、山は純白の絹の笠をかぶっているように見えます。

T：絵に描いたような景色ですね！ いつか、雪の日にここに来たいです。

G：こちらにおいでください。この松の木をご覧ください。義満がこの木を植樹したと言われていますので、この松の木は樹齢600年以上です。この松の木は舟の形に剪定されています。松の木は西向きです。西は西方極楽浄土に例えられていて、極楽に向けて航海しているのだと言われています。

T：私の読んだ本には、日本人は縮小化に魅力を感じると書かれていました。これは盆栽の木ですか？

G：それは、かつては盆栽でした。盆栽は縮小された鉢植えの木です。今、この松の木は鉢に植えられてはいませんし、成長して大きくなっています。

T：それでは、盆栽の木の定義は何なのでしょう？

G：盆栽は剪定したり、針金を使ったりする人工的な方法で縮小された鉢植えの木です。

T：この形を作るには、たくさんの技巧と技術が必要とされるようですね。

単 語 の 小 箱

☐ Stroll-style garden 回遊式庭園　☐ be trained 剪定される
☐ face west 西を向く　☐ western paradise of the Pure Land 西方極楽浄土
☐ sail toward ... …に向けて航海する　☐ have a fascination for ... …に魅了される
☐ miniature potted trees 縮小した鉢植えの木
☐ prune 切り取る　☐ wire 針金で支える

2-6 金閣寺

銀河泉、巌下水、龍門の滝、白蛇の塚について

G：通訳ガイド　T：観光客

G: Let's go on. Look at this. It's called "Gingasen" which means "Silver River Spring." It's said that Yoshimitsu used this water when he made tea. Look at this. This is "Gankasui" which means "big rock water." He is said to have used this water to purify his hands.

T: I see.

G: Next, I'll show you the "Ryumon Waterfall" which means "Dragon's Gate Waterfall."

T: What does that mean?

G: It means the gate to success. The dragon was a symbol of the emperor in China and is a symbol of the **ambitious** and **influential** person in Chinese **folklore** and art. Look at this stone in the shape of a carp. There's a Chinese legend that a carp **turns into a dragon** if it **ascends a waterfall**.

T: Thank you for your explanations. Talking of carp, I saw some **carp-shaped streamers**. What were they?

G: Yesterday was Children's Day, so you saw *Koinobori*. A carp is strong enough to ascend the sharpest **rapids**. Parents hope their children will be as strong as carp, so they display *Koinobori*, large artificial carp.

T: I see. The carp streamers **fluttering** in the breeze were so beautiful. By the way, what's that small pagoda?

G: The small pagoda is called "Hakuja-no-tsuka." "Hakuja-no-tsuka," or "White Snake Mound" is a **mound** built **in honor of** the white snake which is the **guardian deity of water**. Japan was an agricultural country, so water was a **divine blessing**. This pond has never **dried up** thanks to the white snake. Some people say that because the white snake is very rare, it was considered a god.

G：さあ、進みましょう。これをご覧ください。「銀河泉」で「銀色の河の泉」を
　　意味します。義満はお茶をたてる際にこの水を使ったと言われています。こ
　　ちらをご覧ください。これは「巖下水」で「大きな岩の水」を意味します。
　　手を清める際にこの水を使ったと言われています。

T：なるほどね。

G：さて、「龍門の滝」、つまり「龍の門の滝」をお見せしましょう。

T：龍門の滝は何を意味しますか？

G：成功への門を意味します。龍は中国の皇帝の象徴で、中国の民話や芸術でも
　　野心のある有力者の象徴です。鯉の形をしたこの石をご覧ください。鯉は滝
　　を登ると、龍になるという中国の伝説があるんです。

T：説明をどうもありがとう。鯉といえば、鯉の形をした吹流しを見かけました。
　　あれは何だったんでしょうか？

G：昨日はこどもの日でした。だからあなたはこいのぼりを見たのです。鯉は一
　　番きつい急流でさえのぼれるほど強いですから、親は子供たちが鯉のように
　　強くなるようにと願います。それで、大きな作り物の鯉、こいのぼりを飾る
　　んです。

T：なるほど。そよ風に揺られている鯉の形の吹流しはとても美しかったですよ。
　　ところであの小さな塔は何ですか？

G：その小さな塔は「白蛇の塚」と呼ばれています。「白蛇の塚」は水の守護神で
　　ある白い蛇を記念して作られた塚です。日本は農業国だったので水は神様の
　　お恵みでした。白い蛇のお陰で、この池が渇くことはありませんでした。白
　　い蛇は珍しかったので神と見なされたと言う人もいます。

単語の小箱

□ ambitious 野心のある　□ influential 有力な　□ folklore 民話
□ turn into a dragon 龍に変身する
□ ascend a waterfall 滝をのぼる　□ carp-shaped streamer 鯉の形をした吹流し
□ rapids 急流　□ flutter 揺られる　□ mound 塚
□ in honor of ... …のために　□ guardian deity of water 水の守護神
□ divine blessing 神の恵　□ dry up 渇く

065

金閣寺

茶室夕佳亭と茶道について

G：通訳ガイド　T：観光客

G: I'll show you the teahouse. The name of this house is "Sekkatei." "Sekkatei" means "Beautiful Teahouse in the Evening." This is the best place to view the Golden Pavilion at sunset. The Golden Pavilion seen from here at sunset looks beautiful beyond description.

T: A **thatched roof, slender pillars**. The teahouse looks very simple and old.

G: It may look old, but it was renovated in 1997. In Zen philosophy, the spirit can beautify simple surroundings. Let me talk about this teahouse. This pillar is made from the wood of the **nandina tree**, which is considered a lucky tree. The nandina tree is also regarded as a charm against bad luck. The three-cornered shelves on the right are called the "**Staggered Shelves of Bush Clover**."

T: I'm curious to know about the tea ceremony.

G: The tea ceremony is the ritual of serving powdered tea. There are many rules to follow. It didn't originate in Japan, but in a **monastery** in China. Japanese Buddhist monks brought the tea ceremony to Japan in the 15th century. In Japan, it **was perfected** by Sen-no-Rikyu in the latter half of the 16th century. Even today, many Japanese people practice tea ceremony in order to **acquire** etiquette and manners, because it's regarded as a form of **artistic discipline** for the cultivation of **mental composure** and elegant manners.

T: I see. What's this basin in front of the teahouse?

G: This is a washbasin. You have to wash your hands before entering the teahouse. The object next to the washbasin is a decorative **stone lantern**.

G：茶室をお見せしましょう。この茶室の名前は「夕佳亭」です。「夕佳亭」は「夕べに染まる美しい茶室」を意味します。これは日没時の金閣寺を見るのに一番の場所です。ここから日没時に見られる金閣は筆舌に尽くしがたいほど美しいんです。

T：わら葺きの屋根、細い柱。この茶室は簡素で古いみたいですね。

G：古く見えるかもしれませんが、1997年に改修されたのです。禅哲学では、精神が周囲を美しくするのです。この茶室についてご説明しましょう。柱はおめでたい木と見なされている南天の木の木材でできています。南天の木は厄除けとも考えられています。右側にある三角の棚が「萩の違い棚」です。

T：茶道について知りたいです。

G：茶道は抹茶を出す儀式です。多くの従うべきルールがあります。
茶道は日本ではなく、中国の僧院が発祥の地です。15世紀に日本の仏僧が茶道を日本に持ち込みました。茶道は日本では16世紀後半に千利休によって完成されました。今日も、多くの人々がエチケットと作法を身につけるために茶道を実践します。というのも、茶道は心の落ち着きと、優雅なマナーを育むための芸術の修養形態の一つですから。

T：なるほど。茶室の前の鉢は何ですか？

G：これは手水鉢です。茶室に入る前には、手を洗わなければなりません。手水鉢の横に置かれているのは石灯籠で、装飾品です。

単語の小箱

□ thatched roof わら葺きの屋根　□ slender pillar 細い柱
□ nandina tree 南天の木　□ Staggered Shelves of Bush Clover 萩の違い棚
□ monastery 僧院　□ be perfected 完成される　□ acquire ... …を身に付ける
□ artistic discipline 芸術の修養　□ mental composure 心の落ち着き
□ stone lantern 石灯籠

067

2-8 金閣寺

不動堂の不動明王、香炉とおみくじと
お土産の金粉のボトルについて

In front of the Fudo-do

G：通訳ガイド　T：観光客

G: This is the "Fudo-do." The stone Fudo-myo-o, regarded as a **manifestation** of Buddha Vairocana, **is enshrined** here. "Fudo" in Japanese means **immovable**. The Fudo-myo-o **is opened to the public** on February 3rd and August 16th. Look at this photograph. He's facing **injustice with a scowl**. He has a sword in his right hand. The sword symbolizes wisdom. He has a rope in his left hand. The rope symbolizes compassion.

T: I get an impression of "justice" from this statue, but to me, both the rope and the sword look like instruments of punishment. Each country has its own culture, doesn't it?

G: Yes, that's absolutely right.

After praying in front of the Fudo-do

T: What's this **incense burner** for?

G: If you have any problem above your shoulders, it will **be healed** by fanning incense on to the area where the problem is.

T: I hope it'll cure my headache.

G: Look at this **vending machine** for written fortunes. You can buy a written fortune in English and in Chinese, too. They're only 100 yen.

T: (Laughing) That won't **cost** me a **fortune**!

G: (Laughing) Thanks for teaching me a new idiom!

At a souvenir shop

T: I want to buy souvenirs for my friends. What do you recommend?

G: How about this bottle of gold flakes? It's 500 yen.

T: Wow! This is a pretty key holder! It could be used as a decoration, too.

不動堂の前で

G：これは不動堂です。大日如来の権化である石不動明王がここに祀られています。「不動」は動かないことを意味します。不動明王は2月3日と8月16日に一般公開されます。この写真をご覧ください。彼は顔をしかめて不正義に立ち向かっています。右手には刀を持っています。刀は知恵を象徴します。左手には綱を持っています。綱は哀れみを象徴します。

T：この像の私の印象は「正義」ですが、私には綱も刀も刑罰の道具に見えます。文化は国ごとに違うものですね。

G：はい、本当にそのとおりですね。

不動堂でお祈りをした後で

T：この香炉は何の目的のためにあるのですか？

G：肩から上の部分に問題があるなら、その問題のある部分に煙をかけることによって治ります。

T：頭痛が治りますように。

G：このおみくじ用の自動販売機をご覧ください。英語のおみくじも中国語のおみくじも買えますよ。たったの100円です。

T：（笑って）一財産、はたかなくってもいいですね。

G：（笑って）新しいイディオムを教えてくださってありがとうございます。

お土産店で

T：友達にお土産を買いたいです。何かお薦めがありますか？

G：この金粉のボトルはいかがですか？ 500円です。

T：すごい！ きれいなキーホルダーですね！ 装飾品としても使えますね！

単 語 の 小 箱

□ manifestation 権化 □ be enshrined 祀られる □ immovable 不動の
□ be opened to the public 一般公開される □ injustice 不正義
□ with a scowl 顔をしかめて □ incense burner 香炉
□ be healed 癒される（治る） □ vending machine 自動販売機
□ cost a fortune 非常に（値が）高い

069

瞬間英作文

1. 金閣寺は義満の戒名にちなんで鹿苑寺とも呼ばれています。

2. 金閣の2階は武士の家をモデルにして建築されました。

3. 義満は中国の明と貿易をすることで多くの利益を得たと言われています。

4. アメリカではフェニックスは復活の象徴です。

5. 見習い僧は人生がうまく行ってなかったので金閣寺に放火しました。

6. 金閣寺は7億4千万円の費用をかけて1987年に修復されました。

7. この松の木が舟の形に剪定されている理由をお話しさせてください。

8. 鯉は一番強い急流をのぼることができました。

9. この柱は南天の木からできています。

10. 不動明王は1年に二度、一般公開されます。

11. 金閣寺のこけら葺き屋根の葺き替えは2020年9月に始まり、同年12月に完了しました。

---

1. posthumous Buddhist name 戒名　　2. be modeled on ... …を真似る（…をモデルにする）
3. profit greatly from trade with China's Ming Dynasty 中国の明朝との貿易から利益を得る
4. rebirth 復活　　5. set fire to ... …に放火する　　6. at a cost of ... …をかけて
7. be trained in the shape of a sailing boat 舟の形に剪定される　　8. rapids 急流
9. nandina tree 南天の木　　10. be opened to the public 一般公開される
11. wood shingle roof こけら葺き屋根

解答例

1. Kinkakuji temple is also called Rokuonji after Yoshimitsu's **posthumous Buddhist name**.

2. The second floor of the Golden Pavilion **was modeled on** the style of samurai warriors' houses.

3. It is said that Yoshimitsu **profited greatly from trade with China's Ming Dynasty**.

4. The phoenix is a symbol of **rebirth** in America.

5. A novice monk **set fire to** the Golden Pavilion because of his unsuccessful life.

6. The Golden Pavilion was renovated **at a cost of** 740 million yen in 1987.

7. Please let me talk about why this pine tree has **been trained in the shape of a sailing boat**.

8. A carp was able to ascend the strongest **rapids**.

9. This pillar is made from the **nandina tree**.

10. The Fudo-myo-o **is opened to the public** twice a year.

11. The replacement of the **wood shingle roof** of the Golden Pavilion began in September 2020 and was completed in December that year.

玉虫の宝庫

1 600年前の金閣寺にタイムスリップ

- ❶ 金閣
  - 一層目　平安貴族の館寝殿造　　　　釈迦如来像　足利義満像が配置
  - 二層目　武家好みの書院造　　　　　岩屋観音像　四天王が配置
  - 三層目　禅宗の仏殿　　　　　　　　仏舎利が置かれている　花頭窓を持つ
- ❷ 陸舟の松　義満によって植樹された樹齢600年を超えた由緒ある舟形の松で西方浄土（金閣の方向）に向かっています。
- ❸ 龍門の滝　滝をのぼって龍が鯉になる鯉魚石があります。
- ❹ 白蛇の塚　水の守り神の白い蛇を記念して作られました。
- ❺ 夕佳亭　　厄除けの南天の木を柱に使った茶室でここから眺める夕日に染まる金閣は最高です。
- ❻ 不動堂　　不動明王は秘仏で8月16日と節分の日にのみ一般公開されます。
- ❼ 香炉　　　煙をかぶると肩から上の病気が治ると言われています。
- ❽ おみくじ販売機　中国語と英語のおみくじがあります。

2 通訳ガイドからのアドバイス

アドバイス1

外国の歴史との比較や時代背景を入れてリアルに！

The Golden Pavilion was built by Ashikaga Yoshimitsu in 1397. This was about 100 years before Columbus discovered America.（金閣は1397年に創建されました。それはコロンブスがアメリカを発見した約100年前のことです）は必ず語りましょう。「へ〜、コロンブスがアメリカ大陸を発見する前に、日本は日明貿易ですでに大もうけしてバブル経済になっていたのか！」と時代の比較ができますね。

金閣寺が放火された理由を三島由紀夫の小説を例に挙げて、若い僧侶が美しすぎる金閣寺を妬み放火したと、とても上手に話しています。The Golden Pavilion was renovated at a cost of 740 million yen in 1987 during the bubble economy.（バブル経済の時代、1987年に7億4千万円の費用をかけて金閣寺が改修されました）と話すと驚く観光客も多いです。 義満公のバブル経済の時代に創建された金閣寺が、1980年代バブル経済によって改修されたのです。

アドバイス 2

ジョークも取り入れて和やかに！

自動販売機のおみくじは 100 円なので It won't cost you a fortune.（一財産はたかなくてもよい）という観光客のジョーク、次回から拝借しましょう！

3 通訳ガイド体験日記

●盆栽についての説明を間違えた！

陸舟の松を This is a miniature potted tree.（これは鉢植えされた小さな木です）と説明してしまい、It's not in a pot.（でも鉢に入っていませんね）とお客様に言われて、This used to be a miniature potted tree.（これはかつては鉢に入っていたのです）と言い直したことがあります。

●節分とは？

不動明王は 8 月 16 日と 2 月 3 日に一般公開されると説明しました。なぜ、その日なのかと問われ、8 月 16 日はお盆だからと説明できました。2 月 3 日については According to the lunar calendar, Setsubun is the first day of spring. Hidden Buddhist images are opened to the public on this day.（太陰暦の説明によれば、節分は春の初日です。秘仏はこの日に公開されます）の説明でよいのです。

しかし、その説明をせずに、Bean throwing ceremonies are held in this temple.（豆まきがこのお寺で行われます）と話してしまいました。金閣寺ではこの儀式は行われていないのですが、They throw beans, crying "Out with devils, in with good luck" and pray for good fortune.（人々は「鬼は外、福はうち」と大きな声で言いながら豆をまいて、幸運を願います）という説明をしてしまいました。苦情は届きませんでしたが、ほとんどのお客様とは一度しか会うことはありませんので、その機会に間違ったことを話してしまわないよう、十分気をつけたいものですね。

4 ガイド英語 Q&A

質問 1.

We can see an upside-down Golden Pavilion in this pond, too!（この池でさかさまに映っている金閣も楽しんで見られますね）と会話中にありますが、upside-down はなぜかコミカルなので inverted のほうがさまになると思うのですが。

はい、お答えします

inverted は科学用語です。ここでは upside-down を使いましょう。inverted を使ってぴったりくるのは inverted pendulum（倒立振り子）inverted chromosome（倒立染色体）のような専門用語を使う場合です。

質問 2.

A novice monk set fire to the Golden Pavilion.（見習い僧が金閣寺に放火した）の novice は耳慣れない単語です。ネイティブはよく使うのでしょうか？

はい、お答えします

novice driver（新米ドライバー）、novice teacher（新米の先生）、 novice reporter（駆け出しのレポーター）などのように、日常よく使う単語です。

5 日本事象をチェック！

□ 1. 戒名　□ 3. 鳳凰　□ 4. バブル経済　□ 5. 盆栽　□ 6. 龍門の滝
□ 6. こどもの日　□ 6. こいのぼり　□ 7. 南天　□ 7. 茶道　□ 8. 不動明王
□ 8. 香炉　□ 玉. 節分

Chapter
3

龍安寺

女王エリザベス2世やサルトルも絶賛した龍安寺は、池泉回遊式庭園、枯山水の庭など、外国人のイメージする「日本的」要素でいっぱいです。鏡容池の動と石庭の静のコントラストを楽しみながら、「わびさび」の世界を感じてもらいましょう。

3-1 龍安寺

龍安寺の創建について、エリザベス2世の訪問以降石庭が
有名になったことや、禅の初歩的な意味について

G：通訳ガイド　T：観光客

G: I'd like to give you some information about Ryoanji Temple. Ryoanji Temple was built by Hosokawa Katsumoto in the middle of the 15th century. Hosokawa was a top-ranking **warlord** under the Ashikaga Shogunate. He invited Giten Gensho to be its **founding priest**. Its rock garden is said to have been created in the 15th century soon after the founding of the temple. This temple suffered a **devastating fire** at the end of the 18th century, but fortunately, its garden **remained intact**. The present building was reconstructed after the fire.

T: I've read a book which said that Ryoanji has the most famous rock garden in the world. Since Queen Elizabeth II visited Ryoanji Temple in 1975 and gave the garden high praise, more visitors have been coming, haven't they?

G: You're very well informed! Rock gardens are Zen-style gardens.

T: What's Zen?

G: Zen is the Buddhist practice of **seeking enlightenment** through **sitting in meditation**. This **emphasizes** the importance of **attaining enlightenment** by **direct intuition** without **dependence on** Buddhist scripture.

G：龍安寺についての情報をお話しましょう。龍安寺は 15 世紀半ばに細川勝元によって創建されました。細川勝元は足利将軍に仕えたトップレベルの武将です。開山に際しては、義天玄承を迎えました。石庭は寺が創建されてからまもなく、15 世紀に作られたと言われています。18 世紀の終わりに大火事に遭いましたが、幸い庭はそのままの形で残りました。現在の建物は火事の後、再建されたものでした。

T：龍安寺には世界で一番有名な石庭があると書かれた本を読んだことがあります。エリザベス 2 世が 1975 年に龍安寺を訪問し、絶賛されてからますます多くの人が訪れているのですね。

G：本当によくご存じですね！ 石庭は禅形式の庭です。

T：禅とは何ですか？

G：禅は座って瞑想することにより悟りを求める仏教の修業です。このことは経典に頼らず直感で悟りに達することの重要性を強調しています。

単語の小箱

- □ warlord 武将　□ founding priest 開山　□ devastating fire 大火事
- □ remain intact 形を変えない　□ seek enlightenment 悟りを求める
- □ sit in meditation 座って瞑想する　□ emphasize 強調する
- □ attain enlightenment 悟りに達する　□ direct intuition 直感
- □ dependence on ... …に依存すること

079

3-2 龍安寺

枯山水庭園、15の石の意味、
石庭の解釈について

Sitting by the rock garden

G：通訳ガイド　T：観光客

G: This garden is a "**Dry Landscape Garden**."

T: Dry Landscape Garden? What's that?

G: It consists of rocks and sand. The rocks usually represent mountains, and the sand represents water.

T: Why are rocks used instead of trees?

G: One interpretation could be that rocks never move, so we can **concentrate on** our meditation. How many rocks can you see?

T: Let me count. 14?

G: There are 15 rocks, but no one can see all 15 rocks. I think that this garden is trying to teach us that there are many ways of looking at things and that no one can see everything. That's part of Zen teaching. What does this garden suggest to you?

T: There's moss growing under the rocks. The moss looks like trees, so the rocks look like mountains.

G: That's a good interpretation. One of the most interesting interpretations is "A tiger carrying her **cubs** across the river." Can you guess what represents the mother tiger and the cubs?

T: The white sand represents the river and the rocks represent the tiger and her cubs, right?

G: That's right.

石庭の前で座りながら

G：この庭は「枯山水庭園」です。

T：「枯山水庭園」とは何ですか？

G：岩と砂からできています。岩は通常、山を表し、砂は水を表します。

T：なぜ、木を使わずに岩が使われているのですか？

G：岩は決して動かないので、私たちは瞑想に集中できるとの解釈もできます。いくつの岩が見えますか？

T：数えてみますね。14 ですか？

G：15 の岩がありますが、誰も 15 の岩を全部見ることができません。多くの物の見方があり、そしてすべてを見られる人はいないことを、この庭は教えてくれているのだと思います。それが禅の教えの一部分なのです。あなたはこの庭から何を連想しますか？

T：岩の下の所に苔が生えていますね。苔は木のように見えて、岩は山のように見えます。

G：その解釈はいいですね。一番面白い解釈は「虎の子渡し」です。何が母親の虎とその虎の子を表しているのかわかりますか？

T：白い砂が川を表し、岩が母虎と虎の子を表しています。そうですよね？

G：そのとおりです。

単語の小箱

□ Dry Landscape Garden 枯山水庭園　□ concentrate on ... …に集中する
□ cub（肉食獣の）仔

3-3 龍安寺

「虎の子渡し」、「大海の島々」、「雲海に浮かぶ山」などの
例え話について

G：通訳ガイド　T：観光客

G: According to a Chinese tale, if a mother tiger has three cubs, one cub is always **ferocious** and eats the other cubs when the mother tiger is not with them. A mother tiger has to take her three cubs across a river, but can carry only one at a time. One of the cubs is really ferocious, and always tries to eat the other two. She cannot leave the ferocious cub alone with the others, so she **takes** the ferocious cub **across the river** first and leaves it on the far bank. She goes back and gets another of the cubs, and brings it across the river. She leaves it on the far side, and brings the ferocious cub back with her. She collects the other cub, leaving the ferocious cub on the near side of the river, and takes it across. Finally, she can return to the ferocious cub and take it across. Now she has all three cubs safely across the river.

T: That's an interesting story. The mother tiger was very clever!

G: There are several other different explanations. "**Islands in an ocean**" is the most typical interpretation, with the rocks representing islands, and the white sand representing the ocean. "Mountain peaks in a sea of clouds" is also an interesting interpretation, with the white sand representing the clouds and the rocks representing the mountains.

T: Mmm. The interpretation with the sand representing the clouds is interesting, too.

G：中国のお話によれば、虎に3匹の子供がいる場合、1匹がいつも凶暴で、母親が見ていないとほかの虎の子を食べてしまいます。母虎は3匹の虎の子を向こう岸に連れて行かなければなりませんが、一度に連れて行けるのは1匹だけです。凶暴な虎の子がいて、いつもほかの2匹の虎を食べようとします。彼女は凶暴な子をほかの子と一緒に置いてはいけません。だから、彼女は初めに凶暴な虎の子に川を渡らせ、向こう岸に置いてきます。母虎は戻って1匹の虎の子をつかんで向こう岸に運びます。彼女はその子を向こう岸に置いて、凶暴な子と一緒に戻ってきます。母虎は凶暴な子を置いて、もう1匹の虎の子をつかんで向こう岸へと渡らせます。最後に、凶暴な子のところに戻って川を渡らせます。それで3匹の子を無事に川の向こう岸に運べたことになります。

T：面白いお話ですね。母虎は頭が良いですね！

G：ほかにも違う説明があります。「大海の島々」は最も標準的な解釈で、岩が島々を、白い砂が海を表します。「雲海に浮かぶ山」もまた面白い解釈で、白い砂が雲を表し、岩が山を表します。

T：なるほど。砂が雲を表すという解釈もまた面白いですね。

単語の小箱

□ ferocious 凶暴な　□ take ... across a river …に川を渡らせる
□ Islands in an ocean 大海の島々

龍安寺

禅の瞑想にふさわしい枯山水庭園について

G：通訳ガイド　T：観光客

G: This garden is also called the "Garden of Seven-Five-Three" because of the **layout of the rocks**.

T: Does "Seven-Five-Three" have any special significance?

G: Yes. I'll try to explain it in simple terms. These numbers can't be divided. The word for "divide" is "*waru*" in Japanese which can also mean "break." Seven, five and three can't be divided, so they are **auspicious** numbers in Japan.

T: Mmm. I understand. The rocks look like people **meditating**, too.

G: Look at this Chinese character on this piece of paper. The five groups of rocks represent this character. It's "*Kokoro*", which means heart.

T: I feel that the rocks are talking to us.

G: Yes, rocks talk to us without using words. This garden will give you an **unlimited amount of** advice. It won't speak to those who look at things with their eyes, but will speak to those who look at things with their own hearts.

T: I can see that. There's nothing **flashy** about this garden, is there?

G: No bridges, no ponds, no lanterns.

T: But if there were ponds, we wouldn't have to use our imaginations so much, would we?

G: That's very perceptive! With nothing to **restrict your imagination** here, you can enter the spiritual world.

G：この庭は岩の配置にちなんで「七五三の庭」とも呼ばれています。

T：「七五三」には特別な意味があるんですか？

G：ありますよ。簡単な言葉で説明しましょう。これらの数字は割り切れません。「divide」は日本語では「割る」で、この語はまた「壊す」を意味します。7、5、3は割り切れないので日本では縁起の良い数字なのです。

T：ふうん、わかりました。岩は瞑想している人のようでもありますね。

G：この紙に書かれている漢字をご覧ください。岩の5つのグループはこの漢字を意味します。それは「心」、つまり感情を表します。

T：私は、岩は私に語りかけているように感じます。

G：ええ、岩は無言で話しかけてくれますよ。この庭はあなたに無限のアドバイスをくれます。物事を目で見る人には話しかけませんが、自分の心で物事を見ようとする人には話しかけてくれるんです。

T：わかりました。この庭には何も派手なものはないですね。

G：橋もなければ、池もなく、灯籠もありません。

T：でも、もし池があれば、想像力はあまり使えないでしょうねえ。

G：鋭いですね！ 想像をさえぎる物がここには何もないので、あなたはスピリチュアルな世界に入れるのです。

単語の小箱

□ **layout of the rocks** 岩の配置　□ **auspicious** 縁起の良い　□ **meditate** 瞑想する
□ **unlimited amount of** 無限の　□ **flashy** 派手な
□ **restrict** *one's* **imagination** 想像をさえぎる

龍安寺

白い砂の上の幾何学模様、石庭の広さや、
わびさびと日本文化の関係について

G：通訳ガイド　T：観光客

T: I have a question. The white sand **is spread out** in a **geometric pattern**. How is this geometric pattern on the sand created?
G: It'**s raked** by priests every ten days.
T: This geometric pattern reminds me of the gardens at the Palace of Versailles.
G: That's a good point, too. Let me explain the **dimensions** of this garden. It's 25 meters from east to west and it's 10 meters from north to south. The height of this wall is 1.8 meters.
T: By the way, what's the wall surrounding this garden made of?
G: It's called an "**oil earth wall**." This earthen wall is made of mud mixed with **rapeseed oil**.
T: Rapeseed oil? Why?
G: To protect it from the **glare** of the garden's white sand. It can **withstand years of** exposure and changes in climate.
T: I like the various **hues of color** on this wall. It's difficult for me to express my feelings, but I can find an elegant beauty in this simplicity.
G: That's regarded as an important part of "Wabi Sabi." It's difficult even for a Japanese person like me to describe it. Zen gardens carry you to a whole different world of **aesthetics**.
T: I'm interested in the meaning of "Wabi Sabi."
G: There's no perfect explanation, but basically it's the fundamental spirit underlying most of Japanese culture. You can also say it's the spirit of the artist who tries to **embody** his or her artistic taste in a simplified mode of expression. You can find this spirit in tea ceremony, flower arrangement, monochrome painting and Zen style gardens.
T: I'm gradually starting to understand. Even rocks can say a lot through their refined arrangements.
G: Yes, in a sense, a symbol alone is enough to express the whole, so I think the spirit of "Wabi Sabi" comes through in this garden.

T：質問があります。白い砂が幾何学模様に広がっています。どうやって砂の上にこの幾何学的な形が作られるのですか？

G：お坊様が 10 日ごとに熊手で引いてくださるのです。

T：この幾何学的な模様を見るとベルサイユ宮殿の庭を思い出します。

G：それも良い点をついていますね。この庭の広さについて説明させてください。東から西までは 25 メートルで、北から南までは 10 メートルです。この塀の高さは 1.8 メートルです。

T：ところで、この庭を囲む塀は何でできていますか？

G：「油土塀」と呼ばれています。土塀は菜種油と一緒に練った土で作られます。

T：菜種油ですか？ なぜですか？

G：壁を庭の白砂からの照り返しから守るためです。これで壁は何年にも渡る露出や天候の変化に耐え抜くことができます。

T：私はこの壁のさまざまな色調が好きなんです。うまく表現できないんですが、この簡素さの中には上品な美しさを見出すことができます。

G：それは「わびさび」の重要な点のように思われます。私のような日本人ですらそれを説明するのは難しいですが。禅の庭はあなたを全く異なった美の世界へと連れて行ってくれますよ。

T：「わびさび」がどういう意味かについて、興味があります。

G：ぴったりくる表現はないのですが、基本的には、ほとんどの日本文化の底にある根源的な精神です。表現の簡略化された様式で、芸術的嗜好を具現化しようとする芸術家の精神のようなものだとも言えます。この精神を茶道、生花、墨絵や禅のスタイルの庭に見出すことができます。

T：少しずつわかってきたような気がします。岩でさえ、洗練されたその配列を通して多くのことを語ってくれますものね。

G：はい。ある意味では全体を表現するには一つのシンボルだけで十分なのです。だから「わびさび」の精神はこの庭で語られているのです。

単語の小箱

☐ be spread out 広がる ☐ geometric pattern 幾何学模様 ☐ be raked 熊手で引かれる
☐ dimensions 広さ（寸法） ☐ oil earth wall 油土塀 ☐ rapeseed oil 菜種油
☐ glare まぶしい光 ☐ withstand years of ... 長年にわたる…に耐える
☐ hues of color 色調 ☐ aesthetics 美学 ☐ embody 具現化する

龍安寺

つくばいに彫られている
「吾唯足知」の意味について

In front of the water basin

G：通訳ガイド　T：観光客

G: This is the **stone water basin**. There's a tearoom over there. When you are invited to a formal tea ceremony, you'll find this kind of water basin. This is the place where you wash your hands.

T: It looks like a coin.

G: Yes, it really does. On each side of the square you can see four *Kanjis*. It has a **square hole in the middle**. This square hole is one part of each of those four Chinese characters. (Taking out a piece of paper) Look at these *Kanjis* "Ware tada taru o shiru."

T: What does that mean?

G: It says, "I only learn to be content" or "**I am content with what I am**."

T: Could you explain in more detail?

G: If you want to learn to be content, you are **spiritually** rich even if you are poor. Even if you are **materially** rich, if you don't want to learn to be content, you are spiritually poor.

つくばいの前で

G：これは石の手水鉢です。茶室が向こう側にございます。フォーマルなお茶会
　　に招かれたらこういった感じの手水鉢があると思います。これは、手を洗う
　　場所です。

T：コインのように見えますね。

G：はい、本当にそのように見えますね。4つの側面にある漢字をご覧いただけ
　　ます。真ん中に四角い穴があいています。四角い穴は4つのそれぞれの漢字
　　の一部分を形作っています。（紙を取り出して）この漢字「吾唯足知」をご覧
　　ください。

T：それはどういう意味ですか？

G：「自らが足りるということを知るだけ」、または「私は現在の自分に満足して
　　いる」です。

T：もっと詳しく説明してください。

G：足りることを知ろうとするならば、あなたは貧しくても精神面で豊かである。
　　物質面で豊かでも、足ることを知らなければ、精神面で貧しいということで
　　す。

単 語 の 小 箱

☐ stone water basin 石の手水鉢　☐ square hole in the middle 真ん中の四角い穴
☐ be content with what *one* is 自分自身に満足する
☐ spiritually 精神的に　☐ materially 物質的に

3-7 龍安寺

鏡容池、この池が「おしどり池」と
呼ばれていた理由について

Walking around the outer garden

G：通訳ガイド　T：観光客

G: This garden is a "Stroll-Style" garden of the Heian period, from the end of the 8th to the end of the 12th century, and it's also a borrowed landscape garden, with Mt. Kinugasa **behind incorporated into** the scenery. This pond is called "Kyoyochi Pond." Many **Mandarin Ducks** lived in this pond. Mandarin Duck is "*Oshidori*" in Japanese, so this pond is commonly known as "*Oshidori* Pond." This pond is popular among Japanese couples. Can you guess why?

T: I **majored in ornithology**. As legend goes, a Mandarin Duck usually stays with one mate during its whole life. Even if its partner dies, the duck doesn't **mate with** other birds.

G: You're very knowledgeable. This fidelity has a romantic connotation for Japanese people. An "*Oshidori* couple" means an ideal couple.

T: That's interesting!

G: You can also enjoy the contrast between the **stillness** of the rock garden and the movement of this "Kyoyochi" **within the compound of** Ryoanji Temple.

外側の庭を歩きながら

G：この庭は平安時代、8世紀末〜12世紀末の回遊式庭園で借景庭園でもあり、衣笠山がこの背景に組み込まれています。この池は「鏡容池」と呼ばれています。多くのおしどりがこの池に生息していました。マンダリンダック は日本語では「おしどり」と呼ばれ、この池は一般には「おしどり池」として知られています。この池は日本人カップルの間で人気があります。なぜだかわかりますか？

T：私は鳥類学を専攻しました。伝説では、おしどりの生涯の伴侶は1羽だけです。相手が死んだとしてもほかの鳥とつがいにはなりません。

G：よくご存知ですね。この貞節は日本人にとってロマンチックな含みがあります。「おしどり夫婦」は理想的な夫婦を意味します。

T：それは興味深いです。

G：龍安寺の敷地内（境内）では石庭の静と、「鏡容池」の動のコントラストも楽しんでいただけますね。

単語の小箱

□ behind incorporated into ... …の背景に組み込まれている　□ Mandarin Duck おしどり
□ major in ... …を専攻する　□ ornithology 鳥類学
□ mate with ... …とつがいになる　□ stillness 静けさ（静）
□ within the compound of ... …の境内

瞬間英作文

1. 細川勝元は義天玄承を龍安寺の開山として迎えました。

2. 庭は 18 世紀の大火事のあとも元の形を保ちました。

3. 悟りに達するためには努力しなければなりません。

4. 直感も大切です。

5. 枯山水庭園は岩と砂から成り立っています。

6.「虎の子渡し」の話は面白いです。

7. 中国の故事によれば 1 匹の虎の子がいつも凶暴なのです。

8. 七、五、三は日本ではめでたい数字です。

9. あなたの想像を制限するものはありません。

10. 幾何学模様から何を連想しますか？

1. founding priest 開山　　2. remain intact 元の形を保つ
3. attain enlightenment 悟りに達する　　4. direct intuition 直感
5. Dry Landscape Garden 枯山水庭園　　6. tiger cub 虎の子　　7. ferocious 凶暴な
8. auspicious めでたい　　9. restrict *one's* imagination 想像を制限する
10. geometric pattern 幾何学模様

解答例

1. Hosokawa Katsumoto invited Giten Gensho to be the **founding priest** of Ryoanji.

2. The garden **remained intact** after a devastating fire in the 18th century.

3. You have to make efforts to **attain enlightenment**.

4. **Direct intuition** is also important.

5. A "**Dry Landscape Garden**" consists of rocks and sand.

6. The story of "the **tiger** carrying her **cubs** across the river" is interesting.

7. According to a Chinese tale, one cub is always **ferocious**.

8. Seven, five and three are **auspicious** numbers in Japan.

9. There is nothing to **restrict your imagination**.

10. What do you associate with **geometric patterns**?

瞬間英作文

11. 白い砂はお坊さんに熊手で引かれます。

12. 庭の広さ（寸法）についてお話しさせてください。

13. この塀は「油土塀」と呼ばれています。

14. 土塀は菜種油と一緒に練った土（泥）で作られています。

15. あなたはこの壁のさまざまな色調が好きですか？

16. 芸術家は彼もしくは彼女の芸術的な好みをこの庭の中に具現化しようとします。

17. 足りることを知ろうとすれば、あなたは貧しくても精神面で豊かです。

18. 衣笠山がこの景色に組み込まれています。

19. おしどり（マンダリンダック）は生涯に 1 羽の伴侶だけとつがいになります。

20. あなたは石庭の静けさと「鏡容池」の動きのコントラストを楽しむことができます。

---

11. be raked by ... …に熊手で引かれる　　12. dimensions 寸法　　13. oil earth wall 油土塀
14. rapeseed oil 菜種油　　15. hue 色調　　16. embody 具現化する
17. be content 足りる　　18. be incorporated into ... …に組み込まれる
19. mate with ... …とつがいになる　　20. stillness 静けさ

解答例

11. The white sand **is raked by** a priest.

12. Let me talk about the **dimensions** of the garden.

13. This wall is called an "**oil earth wall**."

14. This earthen wall is made of mud mixed with **rapeseed oil**.

15. Do you like the various **hues** of color on this wall?

16. The artist tries to **embody** his or her artistic taste in this garden.

17. If you want to learn to **be content**, you are spiritually rich even if you are poor.

18. Mt. Kinugasa **is incorporated into** this scenery.

19. A Mandarin Duck **mates with** only one partner during its whole life.

20. You can enjoy the contrast between the **stillness** of the rock garden and the movement of this "Kyoyochi."

玉虫の宝庫

1 龍安寺のスピリチュアルな世界へ旅しよう

石庭で、ふたつのミステリーを感じとってもらおう！

❶ 石の配置の謎：どこからみても 15 の石を全部見ることはできません。
七・五・三は割り切れないので縁起が良いとされていることを説明しましょう。
3 つの代表的な解釈方法、特に「虎の子渡し」を覚えるようにしましょう。

「虎の子渡し」　　"A tiger carrying her cubs across the river"
「大海の島々」　　"Islands in an ocean"
「雲海に浮かぶ山」　"Mountain peaks in a sea of clouds"

❷ 油土塀（oil earth wall）：照り返しを防げるように、壁が菜種油（rapeseed oil）の混じった土でできていることを説明しましょう。"This earthen wall is made of mud mixed with rapeseed oil."（この土塀は菜種油の混じった土でできた、油塀です）が簡潔で明瞭です。

禅の格言「吾唯足知」と彫られているつくばいの意味を説明しよう！

まず、石の手水鉢の役割、お茶会に招待されたときに手を洗う場所であることを説明します。「吾唯足知」は "I only learn to be content." または "I am content with what I am." と表現できます。

2 通訳ガイドからのアドバイス

アドバイス 1
観光客に合わせて話をする！
「虎の子渡し」のお話をすると、とても熱心に聴いてくださるお客様とそうでないお客様がいらっしゃいます。このお話に興味をもたれない方は、静かに一人で石庭を見てスピリチュアルな世界に入りたいのかもしれませんね。

アドバイス 2
部屋（方丈）の説明もしましょう！
本文では方丈についての説明をしていませんが、Hojo used to be the living quarters of the chief priests.（方丈は昔は住職さんのお住まいでした）と説明しましょう。

アドバイス3

簡潔でも心打つ一文を大切に！

The rock garden won't speak to those who look at things with their eyes, but it will speak to those who look at things with their own hearts. （石庭は物事を目で見る人には話しかけませんが、自分の心で物事を見ようとする人には話しかけてくれますよ）という一文は、禅について簡潔に説明しています。さらに詳しい説明を求められたら、本文の会話を参考にしましょう。静（坐禅）と動（働き）の大切さが興味深く説明されています。

3 通訳ガイド体験日記

●本物だと思ったら

幸いクレームは出ませんでしたが、レプリカのつくばいを、これは本物ですと説明してしまったこともあります。

●日本文化に根づいた解説が喜ばれた

鏡容池で Mandarin Duck（おしどり）は、生涯一羽の伴侶としかつがいにならないという伝説があるので、日本で仲の良い夫婦は「おしどり夫婦」と呼ばれる、というお話が喜ばれました。

4 ガイド英語 Q&A

質問

石庭は rock garden と呼ばれていますが、「庭」と "garden" の既念は多少異なるようです。日本の「庭」と西洋における "garden" の違いについて教えてください。

はい、お答えします

西洋の garden では「花、野菜、果物の栽培のためにとっておかれた場所」がもともとの意味です。しかし、日本人は絵や油絵を描くように、庭を実用ではなく美的目的のために追求してきました。だから「石庭」のような庭をつくるのは日本人にとってごく普通のことです。

5 日本事象をチェック！

☐ 4. 七五三と十五の持つ意味　☐ 7. おしどり夫婦

龍安寺

西の庭

つくばい

仏殿

方丈

庫裡

石庭

鏡容池

山門

Chapter
4

二条城

元は徳川家が築いた二条城ですが、江戸時代から明治時代に移る際に天皇家へと開け渡されました。城内では、両方の要素を見ることができます。華麗な装飾や鴬張りの廊下などを楽しみながら、美と権力の結びつきを感じましょう。

4-1 二条城

二条城の歴史とほかのお城との違い、
江戸時代の天皇と将軍の違いについて

G：通訳ガイド　T：観光客

G: Before we arrive at Nijo Castle, let me explain a big difference between Nijo Castle and other classic castles such as Osaka Castle and Himeji Castle. It was Shogun Tokugawa Ieyasu who unified Japan in 1603. In the same year, Nijo Castle was completed by Tokugawa Ieyasu for administrative purposes, not military. This was 17 years before the "Mayflower" reached America from England.

T: I see. This is the first time for me to visit a Japanese castle. Could you say more about the **functions** of Nijo Castle?

G: Nijo Castle **served** as the **residence** of the Tokugawa family and their **retainers** when they visited Kyoto. Shogun Tokugawa Ieyasu wanted to show his **authority** by building a gorgeous castle. It's no **exaggeration** to say that Nijo Castle was a display of his power.

T: By the way, could you explain the difference between the emperor and the shogun?

G: In short, the emperor had no power during the Edo Era which began in 1603 and ended in 1867. The emperor was a **figurehead**. The Tokugawa shogun was the top **administrator**. 1603 was the year in which Nijo Castle was built and 1867 was when the 15th Tokugawa shogun, Yoshinobu, announced the **restoration of sovereignty** to the emperor at Nijo Castle. This means that Nijo Castle **witnessed** both the **rise and fall of** the Tokugawa shogunate.

In front of Higashi Otemon Gate

G: Here we are at Nijo Castle.

T: What are those upside-down fishes on either side of the gate roof?

G: It's a mythical fish called a "*Shachi*" that protects the building from fire.

G：二条城に入る前に、二条城と、大阪城や姫路城のようなほかの典型的なお城とがどう違うのか説明させてください。将軍・徳川家康は1603年に日本を統一しました。同じ年に二条城は、軍事上のではなく、行政上の目的で家康によって作られたのです。これは「メイフラワー号」がイギリスからアメリカに到着する17年前のことでした。

T：なるほど。日本のお城を訪問するのは初めてなんです。二条城の役割についてもう少し教えてください。

G：二条城は、徳川家とその家臣たちが京都を訪れたときの、住居の役割を果たしました。徳川家康は豪華なお城を建築することで権力を示したかったのです。二条城は彼の権力を誇示するためのものだったと言っても言い過ぎではありません。

T：ところで、天皇と将軍の違いについて教えてもらえますか？

G：簡単に言えば、天皇は1603年に始まり1867年に終わった江戸時代には、権力を持ちませんでした。天皇は名目上のリーダーでした。それに対して、徳川将軍は主席行政官でした。1603年はこの二条城が建てられた年で、1867年は15代将軍・徳川慶喜が二条城で大政奉還を発表した年です。つまり二条城は徳川幕府の興隆と衰退を目にしたということですね。

東大手門の前で

G：二条城に到着しましたよ。

T：門の屋根の両側にあるあのさかさまのお魚は何ですか？

G：それは「シャチ」と呼ばれている想像上の魚で、建物を火事から守ると言われています。

単語の小箱

□ function 機能　□ serve（役割を）果たす　□ residence 住居　□ retainer 家臣
□ authority 権力　□ exaggeration 誇張　□ figurehead お飾り
□ administrator 統治者　□ restoration of sovereignty 大政奉還
□ witness 目にする　□ rise and fall of ... …の興隆と衰退

4-2 二条城

番所の役割、侍がちょんまげを結う理由、家紋などについて

In front of the samurai guard house

G：通訳ガイド　T：観光客

G: This is the samurai guard house. Samurai warriors were here for security purposes and they were checking the visitors.

T: I'm really interested in the samurai.

G: Here's a picture of some samurai. Later, you can see some samurai mannequins in Ninomaru Palace.

T: Why is their hair in **topknots**?

G: Samurai had to wear helmets when they went into **battle**. It's said that they felt hot and **irritated**. They shaved the hair off the top of their heads to **let the air circulate** through their helmets. Then they oiled the rest of their hair and tied it up.

T: Fascinating! Was it only the samurai warriors who had this topknot hairstyle?

G: No, it caught on and almost all men started doing it.

T: What are the signs on their *kimonos*?

G: They're **family crests**. Each family has a family crest. The marks for family crests are things like flowers, trees, and insects. This is based on our nature worship. The family crest of the Tokugawa is a **hollyhock**. That of the **imperial family** is a **chrysanthemum**. You can see both the hollyhock crest and the chrysanthemum crest in Nijo Castle, because Nijo Castle was the **property** of the **Imperial Household Agency** for a few decades. You can tell which family they are from by looking at the family crest.

T: That's interesting! The function of a family crest is **similar to** that of the patterns on fishermen's sweaters. You can tell which family they're from by the **knitting patterns**.

G: That's news to me! Thanks a lot for the useful information!

侍の番所前で

G：これが侍の番所です。武士（侍）たちは警備のためにここにいて、来訪者を検問していました。

T：私は侍にとても興味があります。

G：ここに侍の写真があります。あとで二の丸御殿で侍のマネキンを見られますよ。

T：なぜ彼らはちょんまげを結っているのですか？

G：侍たちは戦に出るときヘルメット（かぶと）をかぶらなければなりませんでした。彼らは暑いと感じ、イライラしたそうです。ヘルメットの中の空気を循環させるために頭頂部の髪を剃り、残った髪に油を塗ってまとめ上げました。

T：とても興味深いですね！ では侍だけが、ちょんまげを結っていたのですか？

G：いいえ、ちょんまげは流行し、ほとんどすべての男の人が、ちょんまげを結い始めました。

T：着物についている印は何ですか？

G：家紋です。それぞれの家系は家紋を持っています。家紋の印には花、木、虫などがあります。これは、自然崇拝が基本になっています。徳川家の家紋は葵です。天皇家の御紋は菊の花です。二条城は、数十年間宮内庁の管轄（財産）だったので、葵の家紋と菊の御紋の両方をご覧いただけます。家紋を見たらどの家系の出身かを知ることができるのですよ。

T：それは面白いですね！ 家紋の役割はフィッシャーマンセーターの模様と似ていますね。編み模様で彼らがどこの家の出身者なのかがわかるんですよ。

G：それは初耳です！ 役に立つ情報をありがとうございます。

単語の小箱

□ **topknot** ちょんまげ　□ **battle** 戦、戦い　□ **irritated** イライラする
□ **let the air circulate** 空気を循環させる　□ **family crest** 家紋　□ **hollyhock** 葵
□ **imperial family** 皇室　□ **chrysanthemum** 菊　□ **property** 財産、管轄
□ **Imperial Household Agency** 宮内庁　□ **similar to ...** …と同様の
□ **knitting pattern** 編み模様

4-3 二条城

腹切り、侍の刀の二本差し、
唐門について

G：通訳ガイド　T：観光客

T: By the way, why are the samurai carrying two swords?

G: The long sword is for fighting. They used the short sword for **committing suicide** by cutting their **bellies**. This is called "Harakiri." When samurai **were captured** by the enemy, they **committed** "**Harakiri**" to prove their loyalty to their masters.

T: Mmm. Why did the samurai **stab** themselves in the belly instead of the heart when committing suicide?

G: As you know, "Hara" means belly. Westerners' hearts **are the equivalent of** our *Hara*. There are many expressions about the *Hara*. For example, "Your *Hara* is black" means, "You're nasty" or "You're **guilty**." That's why they opened their bellies; to prove their *Hara* wasn't black and to prove their **innocence**.

T: When I go back to Ireland, I'll explain the **significance** of "Harakiri". It's one of the mysteries of Japan back in my country.

In front of the Karamon Gate

G: This is the main gate to Ninomaru Palace, called the "Karamon." You can see some imperial chrysanthemum crests at the top. Look at the gorgeous carvings. Gold is used **lavishly**. This gate shows the power of the Tokugawa family. There are nine kinds of carvings on the gate. You can see cranes, turtles, butterflies, a pine, bamboo, and plum set, Chinese lions, **auspicious birds**, and **Koan the hermit**. Also, you can see carvings of a tiger and a dragon because, according to the **Chinese Zodiac**, Ieyasu was born in the Year of the Tiger, and his grandson Iemitsu was born in the Year of the Dragon.

T：ところで、なぜ侍は刀を2本持っているのですか？

G：長い刀は戦うためのものです。短い刀は切腹して自殺するために使われます。それは「ハラキリ」と呼ばれています。侍は敵に捕らえられたときに、主君に対する忠誠心を証明するためにハラキリをしたんです。

T：なるほどね。なぜ侍は自殺するときに心臓ではなく腹を刺したのですか？

G：ご存じと思いますが「ハラ」はお腹のことを意味します。西洋人の心臓にあたるものが、日本人にとっては「ハラ」なのです。「腹」については、たくさんの表現があります。例えば「あなたの腹は黒い」と言えば「あなたは意地が悪い」または「あなたは罪深い」という意味です。だから自分は「腹」が黒くなく、無実なのだと証明するために切腹したんです。

T：アイルランドに帰ったら「ハラキリ」の意味について説明しますよ。「ハラキリ」は、私の国では日本という国の謎の一つなのです。

唐門の前で

G：こちらが二の丸御殿への正門で、唐門と呼ばれています。上には菊花紋章があります。豪華な彫刻をご覧ください。金が贅沢に使われています。この門は徳川家の権力を表しているのです。9種類の彫刻があり、鶴、亀、蝶々、松竹梅、唐獅子、瑞鳥、そして黄安仙人がご覧になれます。また中国の十二支によれば、家康公は虎の年に、孫の家光は龍の年に生まれたので、虎と龍の彫刻もあります。

単語の小箱

□ commit suicide 自殺する　□ belly 腹　□ be captured 捕らえられる
□ commit Harakiri 腹切りをする　□ stab 刺す　□ be the equivalent of ... …に相当する
□ guilty 罪深い　□ innocence 無実　□ significance 意味　□ lavishly 贅沢に
□ auspicious bird 瑞鳥（めでたく吉兆とされる鳥）　□ Koan the hermit 黄安仙人（中国・前漢時代の仙人で永遠の象徴とされる。亀に乗る姿で表される）　□ Chinese Zodiac 十二支

4-4 二条城

十二支、二条城の見所と車寄せについて

G：通訳ガイド　T：観光客

T: What are the signs of the Chinese Zodiac?
G: **In its yearly sequence**, they are mouse, ox, tiger, hare, dragon, serpent, horse, sheep, monkey, cock, dog, and wild boar. This is the Year of the Ox. I was born in the Year of the Ox, so I'm 36 years old, and so this year is my lucky year.
T: That's interesting. I'd like to get my picture taken in front of this gate.
G: OK. This is an ideal spot for photographs.

After taking pictures

G: I'm sure you'll enjoy the inside of Nijo Castle, because inside it's a palace, even though from the outside it looks a **military fortress**. Before we go inside I'll tell you two points I want you to pay attention to.
　1. The many gorgeous paintings on the walls, the carvings on the **transoms** and the **recessed ceilings**.
　2. The relationship between each room's function and its decoration.
T: OK. I'll **keep** those points **in mind**.

At the Carriage Porch

G: This is a **carriage porch** called "Kuruma-yose" where carriages used to come in. This carriage porch enabled people to enter this building without getting wet.
T: So it functions as an entrance and as a temporary parking space?
G: Yes. Please take off your shoes and put them in the shoebox.

T：十二支とは何ですか？

G：年順に言うと鼠、牛、虎、兎、龍、蛇、馬、羊、猿、鶏、犬、猪になります。
今年は牛の年で、私は牛の年に生まれたので36歳です。今年は私にとって
運の良い年です。

T：それは面白いですね。写真を門の前で撮っていただきたいんですが。

G：わかりました。この場所は写真を撮るのに絶好の場所ですからね。

写真撮影の後で

G：二条城の外側は軍事要塞ですが、中は宮殿なので、間違いなくお楽しみいた
だけることと思います。中に入る前に2点気をつけて見ていただきたい点を
お話しておきますね。
1.壁の豪華な絵画、欄間の彫刻、格天井
2.それぞれの部屋の役割と装飾の関係

T：わかりました。その点を心に留めておきます。

車寄せで

G：これは「車寄せ」と呼ばれる車どめで、車がよく入ってきたものでした。
この車寄せのおかげで、濡れずに建物に入ることができたんです。

T：これは玄関と一時的な駐車場の両方の役割を果たしているんですね。

G：はい。どうぞ、靴を脱いで靴箱に入れてください。

単語の小箱

□ in its yearly sequence 年順で　□ military fortress 軍事的要塞
□ transom 欄間　□ recessed ceiling 格天井
□ keep ... in mind …を心に留める　□ carriage porch 車寄せ

107

4-5 二条城

柳の間、鶯張り、
江戸時代の大名の階級について

G：通訳ガイド　T：観光客

G: Look at this room called the "Willow Room." It **was named after** the paintings on the walls and sliding doors.

T: (Interrupting) What's that sound? When I move, the floor **squeaks**. Oh no! Have I **put on weight**? No, I **weighed** myself this morning, but I hadn't.

G: It was said that this floor had **been devised** to **detect intruders**.

T: Oh, really? How does it work?

G: This is called a "Nightingale Floor." When you step on the floor, this **causes friction** between the **clamps** and nails under the floor. This makes the floor squeak. It sounds like a nightingale singing. However, a recent study shows that the floor was not intentionally designed to squeak.

T: That's disappointing. I think it's an excellent **security measure**!

G: Before I go on to talk about the next room, let me explain the three **categories** of feudal lord. The "**outsider**" **feudal lords** became **vassals** of Tokugawa after his victory at the Battle of Sekigahara in 1600, the "**hereditary**" **feudal lords** were those who sided with Tokugawa before that battle in 1600, and the "**relative**" **feudal lords** were relatives of Tokugawa.

G：「柳の間」と呼ばれているこの部屋をご覧ください。この名前は壁と障子の絵にちなんで名づけられました。

T：（言葉をさえぎって）あの音は何ですか？　私が動くと床がきしみます。あら！　体重が増えたのかしら？　いいえ、今朝体重を量ったときには増えていなかったのですが。

G：この床は、侵入者を発見できる仕組みになっていると言われていました。

T：そうなんですか？　どのような仕組みになっているのですか？

G：これは鶯張りの床と呼ばれています。床を踏むと、床の下の留め金と釘の間に摩擦を生じさせます。これで床がきしむのです。まるで鶯の鳴き声のようですね。しかし、最近の研究では、床がきしむように意図的に設計されたものではないことが判明しました。

T：それは、がっかりです。私は良い警備対策だと思います。

G：次の部屋の説明に進む前に、3つの大名の種類について説明させてくださいね。「外様」大名は 1600 年の関ヶ原の戦いの後に、徳川の家臣になった大名です。「譜代」大名は 1600 年の戦いの前に徳川側についていた大名です。「親藩」大名は徳川の親類です。

単語の小箱

□ be named after ... …にちなんで名づけられる　□ squeak きしむ
□ put on weight 体重が増える　□ weigh 量る　□ be devised 仕組みになっている
□ detect 発見する　□ intruder 侵入者　□ cause 生じさせる　□ friction 摩擦
□ clamp 留め金　□ security measure 警備対策　□ category 分類
□ outsider feudal lord 外様大名　□ vassal 家臣　□ hereditary feudal lord 譜代大名
□ relative feudal lord 親藩大名

4-6 二条城

遠侍の間、式台の間、大広間三の間
の役割と装飾について

In front of the Tozamurai-no-ma (Waiting Chambers)

G：通訳ガイド　T：観光客

G: These rooms are **waiting chambers** for feudal lords.
T: What are these big animals painted on the screen doors and walls?
G: They are tigers and leopards. They symbolize the Tokugawa family's power, though there were no tigers or leopards living in Japan 400 years ago. Only their **hides** were imported. Painters used their imaginations by looking at the hides. That's why they look a little bit different from the real thing.

In front of the Shikidai-no-ma (Reception Room)

G: This is the room where **cabinet ministers** greeted feudal lords and received presents for the shogun.
T: The pine trees on the sliding doors and walls are **enormous**!
G: The pine tree is a symbol of longevity. These pine trees are very large, but are fitted nicely into the space between the floor and ceiling. This shows the **stability** of the Tokugawa government. This **masterpiece** was painted by Kano Tanyu when he was 25 years old.

In front of Ohiroma San-no-ma (Third Grand Chamber)

G: Please look at the transom panels. They're 35 centimeters thick. Each of the transom panels is made from a **single block of cypress**. They're carved on both sides with different patterns. From here you can see carved peacocks on the **obverse** side. The reverse side is carved with camellias, roses, and powerful pine trunks.
T: By the way, what's this beautiful object on the horizontal beam?
G: The nails are covered with **gold-plated copper** in the form of bouquets of flowers wrapped in decorative paper. Even a nail **was transformed into** something of beauty.
T: That's nice. Your explanations always **hit the nail on the head**.

遠侍の間（待合室）の前で

G：これらは大名の控え室です。

T：障壁に書かれた大きな動物は何ですか？

G：虎と豹です。徳川家の権力を象徴しますが、400 年前、日本には虎も豹も生息していませんでした。皮のみが輸入されました。画家は皮を見て想像力を働かせました。だから、少し本物とは違って見えるのです。

応接室（式台の間）の前で

G：これは老中が大名と挨拶を交わし、将軍への献上品を受領した部屋です。

T：障子や壁に描かれた松の木はずいぶん大きいですね。

G：松は長寿の象徴です。これらの松はとても大きいですが、床と天井までの空間におさまっています。これは、徳川政権の安定を示しています。この素晴らしい作品は、狩野探幽が 25 歳のときに描いたものです。

大広間三の間（3 番目の大広間）の前で

G：欄間の羽目板をご覧ください。35 センチメートルの厚さです。欄間の羽目板は檜の一枚板でできています。両面に異なった模様が彫刻されています。ここからは、表側の孔雀を見ることができます。裏側には椿、薔薇や松の幹が彫刻されています。

T：ところで、横木の上にある美しいオブジェは何ですか？

G：釘が装飾用の紙に包まれた花束の形の金メッキの銅（花熨斗型釘隠し）で覆われているのです。釘すら美に姿を変えるのです。

T：すごいですね。あなたの説明はいつも当を得ています。

単 語 の 小 箱

□ waiting chamber 控え室　□ hide 皮　□ cabinet minister 老中
□ enormous とても大きい　□ stability 安定　□ masterpiece 傑作
□ single block of cypress 一枚作りの檜　□ obverse 表の
□ gold-plated copper 金メッキの銅（銅の地金）
□ be transformed into ... …に姿を変える　□ hit the nail on the head 当を得る

111

4-7 二条城

将軍、小姓、大臣のマネキンや
扇子の用途について

In front of Ohiroma Ichi-no-ma, Ni-no-ma (First and Second Grand Chambers)

G：通訳ガイド　T：観光客

G: This is the place where the 15th Tokugawa shogun, Yoshinobu, announced **the restoration of sovereignty to the emperor** in 1867. These rooms are the most gorgeously decorated in order to show the shogun's power.

T: Who's that man on the raised floor?

G: He's the shogun. A **page boy** is holding his sword for him.

T: Who are the four men facing each other?

G: They are the shogun's cabinet ministers. The men **prostrating themselves** before the shogun are vassals.

T: Why do they have **folding fans** in front of them? Was the conference held on a hot day?

G: No. Just as people in European countries wear gloves on ceremonial occasions, Japanese people carry folding fans on ceremonial occasions even on the coldest day. Placing a folding fan in front of oneself shows respect for the other person. In this case, the vassals are showing their respect for the shogun. A Japanese-style folding fan is a symbol of respect, good luck and friendship, too.

T: I've decided to buy folding fans for my friends to deepen my friendship with them!

大広間 一の間、二の間（1番目と2番目の大広間）の前で

G：これは 1867 年に 15 代将軍・徳川慶喜が大政奉還を発表した場所です。これらの部屋は将軍の権力を誇示するために一番豪華に装飾されています。

T：上段の男性は誰ですか？

G：彼は将軍です。お付きの少年（小姓）が将軍のための刀を持っています。

T：お互いに向かい合っている 4 人の男性は誰ですか？

G：将軍の老中です。将軍にひれ伏しているのは家臣です。

T：なぜ、彼らは扇子を自分の前に置くのですか？ 会議が暑い日に実施されたんでしょうか？

G：いいえ、ヨーロッパ諸国では儀式の際に手袋を着用するように、日本人も一番寒い日ですら儀式には扇子を携帯します。扇子を自分の前に置くことは相手の人に対する尊敬の気持ちを示しています。この場合は、家臣が将軍への尊敬の気持ちを表しているのです。日本式の扇子は尊敬、幸運と友情の象徴でもあります。

T：私は友情を深めるために、扇子を友人たちのお土産に買うことにします。

単 語 の 小 箱

□ the restoration of sovereignty to the emperor 大政奉還
□ page boy お付き（お呼び出し） □ prostrate *oneself* ひれ伏す
□ folding fan 扇子

4-8　二条城

大広間の武者隠しの間と、二重折り上げ格天井、
付け書院など部屋の構造について

G：通訳ガイド　T：観光客

G: There is a bodyguard's room behind the sliding doors with the beautiful **tassels**. You never know what's going on **behind the scenes**. Actually, several armed guards **were on standby** there. **In the event of** an **emergency**, the bodyguards would be prepared to **jump out at** the intruders if the shogun clapped his hands.

T: Wow! They sound like secret agents, right?

G: That's exactly right. The **characteristic features** of this room are the gorgeous **recessed alcove**, the **staggered shelves**, the **ornamented** doors, the recessed ceiling, **double recessed ceiling** and the **attached writing desk** in the wall along the corridor. Please look at the gorgeously painted pine trees, the use of gold, and the double recessed ceiling above the shogun in this room. They show the shogun's power. The shogun had to **overwhelm** the outsider feudal lords. The size of these floors is 92 tatami mats. Japanese rooms are measured in tatami mats.

T: I see. I wonder how much money it cost to construct this room.

In front of the Kuro-Shoin (Inner Audience Chamber)

G: This is the place where the shogun had private interviews with relative feudal lords, hereditary feudal lords, and high-ranking court nobles. It's said that the 15th shogun, Yoshinobu, talked about whether or not he should return sovereignty to the emperor in this room. The special feature of this room is the staggered shelves on the right. The Kuro-Shoin is decorated with paintings of seasonal flowers, trees, and birds on the screens and sliding doors.

T: Beautiful! They create a peaceful atmosphere.

G: The shoguns didn't have to overwhelm their relatives, the hereditary lords, or high-ranking court nobles.

G：美しい房のついたふすまの後ろには、武者隠しの間があります。舞台裏では何が起こっているのかわかりません。実は武装した数人の護衛が待機していたのです。緊急時に将軍が手を叩いたら、護衛たちが侵入者に飛びかかる準備ができていました。

T：すごいです！　彼らは秘密部隊みたいですね。

G：まさしくそのとおりです。この部屋の特徴は豪華な床の間と違い棚、装飾した扉、格天井、二重折り上げ格天井、それから廊下に沿った付け書院です。金を使用して豪華に描かれた松と、将軍の上の二重折り上げ格天井をご覧ください。それらは将軍の力の象徴です。将軍は外様大名を威圧しなければならなかったんです。この部屋は 92 畳あります。日本の部屋の大きさは、畳の数で測ります。

G：なるほど。この部屋の建築にいくらかかったのかしら。

黒書院（内側の謁見室）の前で

G：これは将軍が親藩大名や譜代大名、高位の公家と個人的な会見をした場所です。15 代将軍・慶喜は、大政奉還するか否かをこの部屋で話し合いました。この部屋の特徴は右にある 2 つの違い棚です。黒書院の屏風や襖には、四季折々の花や木、鳥の絵が描かれています。

T：美しいですね！　平和な雰囲気を醸し出しますね。

G：将軍は親藩大名や譜代大名、高位の公家を威圧する必要はなかったですからね。

単語の小箱

□ tassel 房　□ behind the scenes 舞台裏　□ be on standby 待機している
□ in the event of ... …の場合　□ emergency 緊急　□ jump out at ... …に飛びつく
□ characteristic feature 特色　□ recessed alcove 床の間
□ staggered shelves 違い棚　□ ornamented 装飾した
□ double recessed ceiling 二重折り上げ格天井
□ attached writing desk 付け書院　□ overwhelm 威圧する

115

4-9 二条城

将軍の居間の様子、将軍の妻と平和な江戸時代、
お歯黒の理由とちょんまげ・お歯黒の禁止について

In front of the Shiro-Shoin (Shogun's private quarters)

G：ガイド　T：観光客

G: The Shiro-Shoin was the shogun's living and sleeping quarters. You can see mannequins of the shogun and his retainers. The rooms are decorated with **Indian ink paintings**. They create a relaxing and peaceful atmosphere. The shogun didn't have to show his **political strength** here.

T: I'm interested in the shoguns because I watched a drama titled "Shogun." Did the shogun rest here when he wasn't **leading his armies into battle**?

G: That drama **was set in** the "Age of the Warring States." However, there were no wars during the long and peaceful Edo era, so the shogun was a political leader, like a prime minister.

T: I see. By the way, I've heard that the Tokugawa shoguns had many wives.

G: Yes. For example, it is said that Tokugawa Ieyasu had two **legal wives** and 20 **concubines** and had many children and politically influential relatives, and this is one reason why the Tokugawa shogunate was able to **ensure stability** and peace for 260 years.

T: I see. I feel that the status of women was low. I've seen a picture of a woman who had her teeth dyed black. Does that have a meaning?

G: It is said that it indicated a married woman. Black can never be dyed; in other words, it'll never change. This meant that a woman would **be faithful to** her husband. However, because of the Meiji government's policy of modernization through "**civilization and enlightenment**," **tooth blackening** and topknot hairstyles gradually disappeared.

白書院（将軍のプライベートな部屋）の前で

G：白書院は将軍の居間で、寝室でもあります。将軍と家臣のマネキンをご覧になれます。部屋は水墨画で飾られ、くつろいだ平和な雰囲気を醸し出しています。将軍は、ここでは政治的威力を示す必要はなかったのです。

T：『将軍』というタイトルのドラマを見たので、将軍に興味があります。彼らは軍を率いて戦場に赴かないときは、ここで休息していたのですか？

G：いいえ。ドラマは戦国時代が舞台です。しかし、江戸時代は長い間戦争のない平和な時代だったので、将軍は首相のような政治上のリーダーだったのです。

T：なるほど。ところで、私は徳川将軍には多くの妻がいたと聞いたことがあります。

G：そうです。徳川家康には 2 人の正妻と 20 人の側室がいたと言われています。たくさんの子供を持って、多くの政治的影響力のある親族がいたことが、徳川幕府が 260 年にわたって安定と平和を維持できた理由の一つなのです。

T：私は女性の地位は低かったと感じます。女性が歯を黒く染めている写真を見たことがありますが、意味はあるのですか？

G：それは既婚女性を示していたと言われています。黒は決して染まることなく、言い換えれば、黒色は不変です。これは、女性が夫に忠実であることを意味していました。ですが、明治政府の文明開化による近代化政策により、ちょんまげやお歯黒は次第になくなりました。

単語の小箱

- □ Indian ink painting 水墨画 □ political strength 政治的な威力
- □ lead *one's* army into battle 軍を率いて戦場に赴く □ be set in ... …が舞台である
- □ legal wife 正妻 □ concubine 側室 □ ensure stability 安定を維持する
- □ be faithful to ... …に貞操を守る □ civilization and enlightenment 文明開化
- □ tooth blackening お歯黒

二条城

大広間、老中の間、勅使の間について

In front of the Ohiroma Yon-no-ma (Fourth Grand Chamber)

G：通訳ガイド　T：観光客

G: Please look at this room. This is the room where the shogun's spears, swords and other weapons were kept. You can see screen paintings of pine trees and hawks.

T: Wow! This looks like a show of strength by the Tokugawa. Do you know the meaning of the verb "hawk"? It means "to attack violently."

G: Thanks for teaching me that. I didn't know that "hawk" was also used as a verb. Let's go on to the next room.

T: I should say, "Farewell to Arms!"

G: I like that novel of Ernest Hemingway's.

In front of the Roju-no-ma (Ministers' offices)

G: The next three rooms are ministers' offices. Look at the plain upper walls and plank ceilings. Do you know why these rooms are less decorated?

T: Yes, these rooms are not public areas, so the Tokugawa shogun didn't have to show off his power.

In front of the Chokushi-no-ma (Imperial Messenger's Room)

G: This is the room where **imperial messengers** were received. The shogun took the lower level and gave the imperial messengers the higher level to show them respect.

T: Mmm. Each room has its own function.

大広間 四の間(四番目の大広間)の前で

G:こちらの部屋をご覧ください。これは将軍の槍、刀やほかの武器が保管された場所です。松や、鷹などの障壁画をご覧いただけます。

T:すごいです！ 徳川将軍の強さを示しているようです。動詞の hawk の意味をご存知ですか？「激しく攻撃する」という意味なんです。

G:教えてくれてどうもありがとう。hawk は動詞としても使われるんですね、知りませんでした。さて、次の部屋に行きましょうか。

T:「武器よさらば」と言わなくてはね。

G:ヘミングウェイのその本、私も好きです。

老中の間(老中の事務所)の前で

G:次の3室は将軍の老中の事務所です。何も描かれていない壁の上部と天井の厚板をご覧ください。なぜこれらの部屋の装飾がほかに比べて地味なのかがわかりますか？

T:はい、これらの部屋は公の場ではなかったので、徳川将軍は権力を誇示する必要はなかったのですね。

勅使の間(皇室のお使いの方の間)の前で

G:これは勅使が迎えられた場所です。将軍は低い場所に座り、勅使には敬意を払うために上段に座ってもらいました。

T:なるほど。それぞれの部屋には役割があるのですね。

☐ imperial messenger 勅使

119

4-11 　二条城

石、木、水と人間の体との関係、
石は忠誠心の象徴であることについて

After the tour of all the rooms

G：通訳ガイド　T：観光客

G: I hope you enjoyed the palace. Can you guess how many rooms you went through?

T: 20 rooms?

G: No, 33 rooms. How many tatami mats are there in this building?

T: 350 tatami mats.

G: No, 800 tatami mats. There are 450 meters of corridors and this palace **has an area of** 3,300 square meters.

G: Ninomaru Palace is laid out in a **flying geese pattern** so that we can appreciate the gardens from inside the palace. If you look down at Ninomaru Palace from the air, the building looks like a flock of geese flying in a **diagonal** formation. Let's have a look at Ninomaru Garden. This garden consists of stones, trees, and running water. It's said that the stones are suggestive of human bones, the water is suggestive of blood, and the trees are suggestive of human skin. It shows that the human body is closely related to nature.

T: There are these big rocks strewn about all over the place.

G: It was popular to offer rocks as gifts 400 years ago.

T: Rocks as gifts? How were they brought here?

G: How they were transported is not clear. A rock was regarded as a symbol of **loyalty**. Rocks were carried here to show the feudal lords' loyalty to the shogun. One story has it that these rocks were often wrapped in silk, put on carts and brought here in elaborate ceremonies.

T: Wrapped in silk?

G: You may be surprised, but even now, a rock is a symbol of wealth. Some rich Japanese people may buy a rock for as much as a million yen.

T: You're kidding! I can't believe that.

すべての部屋を見終った後で

G：二の丸宮殿をお楽しみいただけたと思います。部屋は何室あったと思いますか？

T：20室ですか？

G：いいえ、33室です。この部屋には何畳の畳があると思いますか？

T：350畳。

T：いいえ、800畳です。廊下は450メートルで宮殿の面積は3300平方メートルです。

G：二の丸宮殿は中から庭園を鑑賞できるように雁行形型に設計されています。つまり空から見ると雁の群れが斜めに隊列を組んで飛んでいるように見えます。二の丸庭園を見てください。この庭は石、木、流れる水などからできています。石は人間の骨、水は血液、木は人間の肌を示しているとも言われています。人間の体が自然と密接に関係していることを意味するのです。

T：大きな岩があちこちに広がって置かれていますね。

G：400年前には贈り物として岩を献上することが流行っていたのですよ。

T：岩を献上品としてですか？　どんな方法で持ち込まれたのですか？

G：どのように輸送されたかは明らかではありません。石は忠誠心の象徴だと見なされたのです。石は大名たちの将軍への忠誠心を示すために運ばれたのです。あるお話ではこれらの岩は絹で包まれ、荷車に載せられ豪華な儀式を行って持ち込まれたとのことです。

T：絹に包まれて？

G：驚かれるかもしれませんが、今日でさえ、岩は富の象徴なのです。お金持ちの日本人の中には100万円も払って岩を買う人がいるのですよ。

T：冗談でしょ。信じられないわ。

単語の小箱

☐ have an area of ... 面積が…ある
☐ flying geese pattern 雁行形　☐ diagonal 斜めの　☐ loyalty 忠誠心

4-12 二条城

亀と鶴の持つ意味、二の丸庭園には木がなかった理由、
宮殿の暖房などについて

G：通訳ガイド　T：観光客

G: I'll carry on talking about the garden. This garden was designed by Kobori Enshu who was a famous **landscape architect** as well as a master of the tea ceremony. Look at the center of the pond. You can find three islands. The Island of Eternal Happiness is in the center. The Crane Island is to the left, and the Turtle Island is to the right.

T: Do turtles and cranes have any particular significance?

G: Yes, there's an expression, "The crane lives a thousand years and the turtle lives ten thousand years." You can see statues of cranes and turtles in many Japanese style gardens.

T: Both the crane and the turtle are considered to be sacred, aren't they?

G: Yes, they are often used as decorations at **auspicious** occasions such as wedding ceremonies. Do you have any questions?

T: This question is not related to the garden. How did they keep the rooms in Ninomaru Palace warm in the cold winters?

G: They probably used **braziers**. By burning charcoal inside the brazier, they warmed the room.

T: I see. What's this thing beautifully wrapped in straw?

G: Since the **Japanese sago palm** is **vulnerable to** cold, the entire plant is protected against the cold by wrapping carefully selected straw around the tree. You can see this until spring begins. This is a **winter tradition**. It looks like they are wearing coats.

T: It's really cute. They look like umbrellas.

G：庭園の説明を続けさせてください。この庭は茶道の師範としてだけでなく、庭園建築家としても有名な小堀遠州によってデザインされました。池の真ん中をご覧ください。3つの島があります。蓬莱島が真ん中にあります。鶴島が蓬莱島の左にあります。亀島は右側にあります。

T：鶴と亀には特別な意味があるんですか？

G：はい、「鶴は千年、亀は万年」という表現があります。多くの日本庭園では鶴と亀の置物が見られます。

T：鶴も亀も神聖だと考えられているのですね。

G：はい。それらは、結婚式などのようなめでたい場合によく装飾品として使われます。何か質問はありますか？

T：この質問は庭には関係ないんですが、寒い冬はどうやって二の丸宮殿の部屋を暖めたのでしょう？

G：おそらく火鉢を使ったのです。火鉢の中で石炭を燃やして暖房したのです。

T：なるほど。この美しくわらを巻かれたものは何ですか？

G：蘇鉄は寒さに弱いので、厳選したわらを巻いて株全体を防寒しています。春が始まるまで見られますよ。これは冬の風物詩です。まるでコートを着ているみたいですね。

T：かわいいですね。傘みたい。

単語の小箱

□ landscape architect 庭園建築家　□ auspicious おめでたい　□ brazier 火鉢
□ Japanese sago palm 蘇鉄　□ vulnerable to ... …に弱い
□ winter tradition 冬の風物詩

瞬 間 英 作 文

1. 徳川家により、約 140 年続いた戦国時代は終結しました。

2. 徳川家康は 1603 年に日本を統一し、二条城は行政上の目的で建築されました。

3. 徳川家康は 260 年にわたる平和な時代を築きました。

4. 江戸時代は 1603 年に始まり、1867 年に終わりました。

5. 二条城は徳川幕府の興隆と衰退を目にしました。

6. 徳川将軍は主席行政官で、天皇は名目上のリーダーでした。

7. 唐門の鶴は翼を広げて訪問者を歓迎しています。

8. 唐門の虎と龍が向かい合っているのは、勇敢さと強さを意味しています。

9. 遠侍の間は大名の控室で、 虎の障壁画が訪問者を威嚇しています。

10. ゾウは虎の最大の敵ですが、竹林に入ることができないため、虎は竹林の中に描かれています。

11. 式台の間は老中が大名と挨拶を交わし、将軍への献上品を受領した場所です。

12. 式台の間の壁に描かれた松は、徳川政権の安定を示しています。

---

1. Age of the Warring States 戦国時代　　2. administrative purpose 行政上の目的
3. last 続く（わたる）　　4. end 終わる　　5. the rise and fall 興隆と衰退
6. figurehead 名目上のリーダー　　7. open *one's* wings 翼を広げる
8. bravery 勇敢さ　　9. intimidate 威嚇する　　10. bamboo grove 竹林
11. cabinet minister 老中　　12. stability 安定

解答例

1. The Tokugawa clan succeeded in ending the 140-year-long "**Age of the Warring States**."

2. Tokugawa Ieyasu unified Japan in 1603, and Nijo Castle was built for **administrative purposes**.

3. Tokugawa Ieyasu established a period of peace that **lasted** for 260 years.

4. The Edo era began in 1603 and **ended** in 1867.

5. Nijo Castle witnessed both **the rise and fall** of the Tokugawa shogunate.

6. The Tokugawa shogun was the top administrator, and the emperor was a **figurehead**.

7. The cranes of the Karamon welcome visitors by **opening their wings**.

8. The tiger and the dragon on the Karamon face each other, which signifies **bravery** and strength.

9. The Tozamurai-no-ma are the waiting chambers for the feudal lords, and the tigers on the sliding screens **intimidate** the visitors.

10. The elephant is the tiger's biggest enemy, but it can't enter bamboo groves, so the tigers are depicted in **bamboo groves**.

11. The Shikidai-no-ma is where **cabinet ministers** greeted feudal lords and received presents for the shogun.

12. The pine trees painted on the walls of the Shikidai-no-ma express the **stability** of the Tokugawa government.

瞬間英作文

13. 大広間三の間の欄間の羽目板は、両側が彫刻されています。

14. ここから孔雀の欄間の羽目板の彫刻を見ることができます。（大広間三の間の前で）

15. 釘はギフト用包装紙に包まれた花束の形の金メッキの銅で覆われています。

16. 大広間一の間と二の間は、徳川政権が 1867 年に大政奉還を発表した場所です。

17. 将軍の上の二重折り上げ格天井をご覧ください。

18. 黒書院は、将軍が親藩大名、譜代大名、高位の公家と会見をした場所です。

19. 将軍は京都に訪れた際に、白書院を個人の部屋として使いました。

20. 武器が保管されていた大広間の欄間の羽目板には、椿、薔薇、力強い松の幹の彫刻が見られます。

21. 勅使の間では、将軍は勅使に敬意を示すために低い場所に座りました。

22. 二の丸庭園は、お茶の師範としてだけでなく庭園建築家としても有名な小堀遠州によってデザインされました。

23. 蓬莱島が真ん中にあります。鶴島が蓬莱島の左にあり、亀島は左にあります。

---

13. transom panel 欄間の羽目板　　14. carved peacock 孔雀の彫刻
15. gold-plated copper 金メッキの銅
16. the restoration of sovereignty to the emperor 大政奉還
17. double recessed ceiling 二重折り上げ格天井
18. herediatry feudal lord 譜代大名　　19. on one's visit to ... …への訪問時
20. carved camellia 椿の彫刻　　21. imperial messenger 勅使
22. landscape architect 庭園師　　23. the Island of Eternal Happiness 蓬莱島

解答例

13. The **transom panels** in the Third Grand Chamber are carved on both sides.

14. From here you can see **carved peacocks** in the transom panel.

15. The nails are covered with **gold-plated copper** in the form of bouquets of flowers in gift wrapping paper.

16. The First and Second Grand Chambers are where the 15th Tokugawa shogun announced **the restoration of sovereignty to the emperor** in 1867.

17. Look at the **double recessed ceiling** above the shogun.

18. The Kuro-Shoin is where the shogun had private interviews with relative feudal lords, **hereditary feudal lords**, and high-ranking court nobles.

19. The shogun used the Shiro-Shoin as his private quarters **on his visits to** Kyoto.

20. You can see **carved camellias**, roses, and powerful pine trunks in the transom panel of the Fourth Grand Chamber, where weapons were kept.

21. In the **Imperial Messenger**'s Room, the shogun sat on the lower level to show respect to the imperial messengers.

22. Ninomaru garden was designed by Kobori Enshu, who was a famous **landscape architect** as well as a master of the tea ceremony.

23. **The Island of Eternal Happiness** is in the center. The Crane Island is to the left, and the Turtle Island is to the right.

玉虫の宝庫

1 江戸時代（1603〜1867年）の二条城にタイムスリップ

- ❶ 東大手門　　建物を火事から守るシャチについて説明しましょう。
- ❷ 侍の番所　　江戸から派遣された武士によって警備の責任が取られていました。
- ❸ 唐門　　　　二の丸御殿への正門で、金が豪華に使用された吉祥の彫刻に注目。写真のベストスポットです。
- ❹ 車寄せ　　　玄関と駐車場の2つの役割を持ちます。
- ❺ 柳の間　　　柳の間は受付の役割を果たしたと言われています。
- ❻ 鶯張り　　　警備対策に作られたと考えられていましたが、最近の研究結果で、床下の留め金の経年劣化のため音がしていることが判明しました。
- ❼ 遠侍の間　　虎の間は大名の控室。虎と豹の絵が威嚇しています。虎が子供を3匹生むと1匹は豹柄だという故事にもとづき、虎と豹は同じ種とされていました。
- ❽ 式台の間　　老中が、大名から将軍への献上品を受領した場所です。
- ❾ 大広間三の間　欄間の羽目板は外側には孔雀などが、内側には椿、薔薇、松の幹などが彫刻されています。「花熨斗型釘隠し」と呼ばれる金メッキの銅で覆われた釘隠しがあります。
- ❿ 大広間　　　1867年に徳川慶喜が大政奉還を発表した場所です。床の間、違い棚、付け書院、二重折り上げ格天井といった豪華な部屋の構造も説明します。
- ⓫ 黒書院　　　将軍が主に親藩大名、譜代大名と高位の公家と会見する場所です。黒書院から先に外様大名は入室できません。一の間と二の間は、桜の障壁画より「桜の間」と呼ばれています。
- ⓬ 白書院　　　将軍の居間兼寝室で、山水画が描かれています。
- ⓭ 大広間四の間　「槍の間」と呼ばれ、将軍の武器が保存されていたと言われています。三の間の裏側になり、欄間の椿、薔薇、松の幹の彫刻が見られます。
- ⓮ 老中の間　　老中の事務室です。
- ⓯ 勅使の間　　勅使を迎えた場所です。勅使は高い場所に、将軍は低い場所に座りました。

2 通訳ガイドからのアドバイス

アドバイス1

ゲストの出身国の歴史との比較を取り入れる！

二条城の創建は1603年でメイフラワー号がイギリスからアメリカに到着した17年前のことだった（p. 101）のように、海外と日本の歴史の比較をしながら上手に案内しましょう。

アドバイス2

観光客から得た知識を次回のガイディングに生かす！

フィッシャーマンセーターと家紋の比較（p. 102）は、次のガイドの際のネタにも使えます。気づいたことはメモを取っておきましょう。

アドバイス3

ジョークを理解し、相手から学び、会話のキャッチボールを！

4-6の大広間で花熨斗型釘隠し（nail covering）の説明をするとゲストが、Your explanations always hit the nail on the head.（あなたの説明はいつも当を得ています）と nail を使ったイディオムで返してくれました。ここで一言、Thank you very much for teaching me a new expression. と答えれば最高！　花熨斗を見せて、日本の贈り物文化の説明もしましょう。

アドバイス4

将軍とは？

ドラマ『SHOGUN 将軍』がエミー賞を受賞してから、将軍に興味を持つゲストが増え、よく質問されます。将軍は戦に出ているイメージが強いですが、役割については次のように説明しましょう。"Shogun" was originally a title given by the emperor to the supreme commander of an expeditionary army. In the Edo era, it became an official title given by the emperor to the top administrator of the country.（「将軍」とは、もともとは天皇が遠征軍の最高指揮官に与える称号でした。江戸時代に、天皇が国の首席行政官に与える正式な称号になりました）

アドバイス5

大政奉還（将軍が天皇に政権を返却）をした理由を聞かれたら？

大政奉還の理由については、次のように答えるといいでしょう。

Commodore Perry visited Uraga and demanded the opening of Japan. The shogunate was afraid of the U.S. and agreed to open up Japan in 1854 and ended up signing an "unequal treaty" with the U.S. in 1858. Trade with foreign countries caused prices to rise and created hardships among the people. Economic disorder caused political and social unrest. Some powerful feudal lords worked to overthrow the Tokugawa shogunate. In 1867, the shogun turned his power over to the emperor, and in 1868 a new government was formed with Emperor Meiji at its head. This is called the Meiji Restoration.

ペリー提督は浦賀を訪れ、日本の開国を要求しました。幕府はアメリカを恐れ、1854 年に開国に同意し、1858 年にはアメリカと不平等な条約を結びました。外国との貿易は物価の高騰を招き、民衆に苦難をもたらしました。経済の混乱は政治的・社会的不安を引き起こしました。一部の有力大名は徳川幕府の倒幕を働きかけました。1867 年、将軍は政権を天皇に返上し、1868 年には明治天皇を首班とする新政府が成立しました。これを明治維新と呼びます。

アドバイス 6
徳川幕府が平和な時代を築いた理由は？
4-9 では（妻、子供、親族＝味方）が多かったことを説明しましたが、さらに解説することもできます。Tokugawa Ieyasu had outstanding leadership skills, so he had many loyal retainers. Under his rule, the "Samurai Laws" were enacted, and this helped to establish an era of peace.（徳川家康は優れたリーダーシップを持ち、多くの忠実な家臣がいました。家康の支配下で「武家諸法度」が成立しました。それは平和な時代を築く助けとなりました）

アドバイス 7
石は権力と富の象徴！数百万円もする石があることは話題になる
アメリカの新聞が「日本人は石に多額を支払う」とタイトルのついた特集記事を掲載しました。アメリカ人にとっては信じられないことですが、サイズ、形、色のどれもが良い石は、日本人の目にはダイヤモンドと同じくらい貴重に見えると説明されています。

アドバイス 8
帰路で唐門の背面の 1 万 5 千年生きた黄安仙人を見つける
黄安仙人を見つけて長生きしましょう。

3 通訳ガイド体験日記

●**武士が二刀を持っていた理由は？**
ゲストによく聞かれる質問です。諸説ありますが、「戦うため」と「ハラキリ

のため」と答えましょう。切腹の話から武士道の話につなぐと、興味を持たれます。江戸時代に限定して質問された場合は、武士は打刀と脇差の2振りを腰に差すことを定められ、武士の証としていたと答えます。

●遠侍の間で虎が訪問者を威嚇していることを伝えた後、じゃれ合う虎について聞かれたが答えられなかった。

This means that the Tokugawa shogunate was able to create a world so peaceful that even the tigers could relax.（徳川幕府が、虎さえもリラックスできるほど安寧の世を作ることができたことを意味します）と答えましょう。

4 ガイド英語 Q&A

質問

4-3 で侍が切腹する理由を問われて、Westerners' hearts are the equivalent of our *Hara*（西洋人の心（臓）は日本人の「腹」に匹敵します）と答えていますが、日本語の腹が英語の心（heart、mind）に置き換えられる例を教えてください。

はい、お答えします

1. 腹を探る　敵の腹を探らなければなりません。
   You have to see into your enemy's heart.
2. 腹を決める　将軍は新しい幕府を作ると腹を決めました。
   The shogun made up his mind to set up a new government.
3. 腹を割って話し合う　将軍には腹を割って話し合う友人がいませんでした。
   The shogun didn't have any friends to discuss things with heart to heart.
4. 太っ腹　あなたは、徳川家康を太っ腹だったと思いますか？
   Do you think Ieyasu Tokugawa was broad-minded?

5 日本事象をチェック！

□ 1. 江戸時代の天皇と将軍の役割　□ 1. シャチ　□ 2. ちょんまげ　□ 2. 家紋
□ 3. 武士が二刀を持った理由　□ 3. 腹切り　□ 4. 十二支　□ 6. 釘隠し　□ 7. 扇子
□ 8. 違い棚　□ 8. 格天井　□ 9. お歯黒　□ 11. 石の値段　□ 12. 鶴と亀
□ 12. こも巻き

131

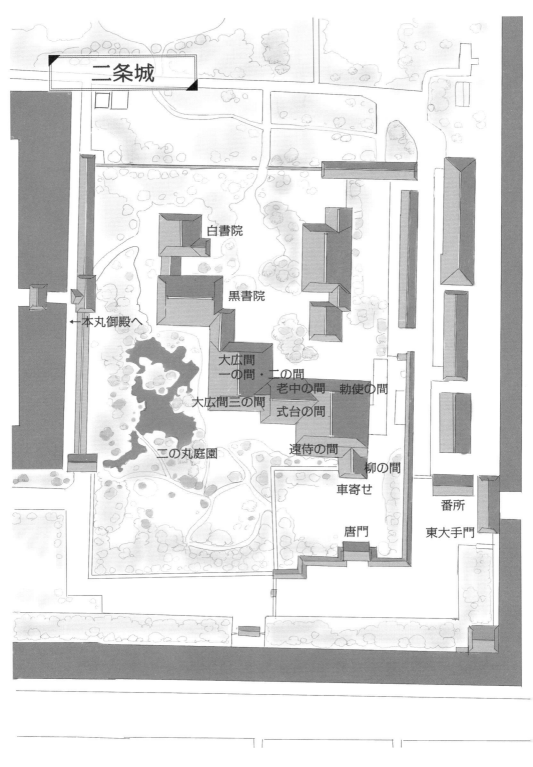

Chapter 5
三十三間堂

この世で人を助けるために観音様が33の姿に変身することから三十三間堂と名づけられたこのお寺では、日本で最も多くの仏像を見られます。仏教により深く興味を持ち、合掌や数珠、ろうそく、線香、花、ハスの持つ意味も学びましょう。

Photo by ⓒTomo. Yun (http://www.yunphoto.net)

5-1 三十三間堂

三十三間堂が建立された歴史的な背景とその名前の由来について

G：通訳ガイド　T：観光客

G: Before we arrive at Sanjusangendo Temple, let me give you some background. In the 12th and 13th centuries, Japan had a series of wars, and people had become nervous, so the **retired emperor** Goshirakawa wanted to **calm their nerves** and ordered Taira-no-Kiyomori, an **army general**, to build a temple. Sanjusangendo Temple was founded in the late 12th century.

T: In other words, Taira-no-Kiyomori founded this temple **in accordance with** a retired emperor's wishes?

G: That's right. The present building is a reconstruction after a **disastrous fire** in the middle of the 13th century. This is the only temple in Japan where you can see so many statues of Buddha in one hall.

In front of Sanjusangendo Temple

G: Here we are at Sanjusangendo Temple. It has the longest **frontage** in Japan, with a length of 118 meters, 390 feet. Please take off your shoes and put them in the shoebox. Taking pictures is prohibited inside the temple.

In front of the altar

G: Let me explain why it's called "Sanjusangendo." Sanjusangendo literally means the "Hall of 33 Spaces." Look at the spaces between the pillars. It's called this because there are 33 spaces between the pillars in front of the **altar**.

T: Does the number "33" have a special meaning?

G: Yes, "33" is an important symbolic number in Buddhism, and it's especially associated with the worship of Kannon. Kannon appears in 33 different forms **in response to** each individual's needs in order to save them.

G：三十三間堂に到着する前に、背景説明をさせてください。12世紀と13世紀、日本では次から次へと内乱が起こり、民衆は神経が疲弊してしまいました。そこで後白河上皇は人々の気持ちを落ち着かせようと、武将・平清盛に寺の建築を命じました。三十三間堂は12世紀末に建てられました。

T：言い換えれば、平清盛公がこのお寺を後白河上皇の希望に沿って建てたのですね。

G：そのとおりです。現在の建物は大火事のあと13世紀中ごろに再建築されたものです。一つのお堂でこんなにも多くの仏像を見られる日本で唯一のお寺です。

三十三間堂の前で

G：三十三間堂に到着しました。間口は日本で一番広く、118メートル、つまり390フィートです。靴を脱ぎ靴箱におしまいください。中では写真撮影は禁じられています。

祭壇の前で

G：なぜ、「三十三間堂」と呼ばれているかを説明いたします。三十三間堂は文字どおり、「三十三の柱間の堂（ホール）」を意味します。柱間の空間を見てください。祭壇の前の柱の間に33の空間があるからそのように呼ばれているのです。

T：「33」の数に特別な意味がありますか？

G：はい。「33」は仏教では重要なことを象徴する数で、特に観音崇拝と関連します。観音様は人々を助けるためにその願いに応じて33の姿に化身します。

単語の小箱

☐ retired emperor 上皇　☐ calm *one's* nerves 気持ちを落ち着かせる
☐ army general 武将　☐ in accordance with ... …に沿って
☐ disastrous fire 大火事　☐ frontage 間口　☐ altar 祭壇
☐ in response to ... …に応じて

135

5-2　三十三間堂

三十三間堂が「千体の仏像の寺」と呼ばれている理由について

G：通訳ガイド　T：観光客

T: Wow! So many Buddhist statues! They're quite **overpowering**!

G: Sanjusangendo is also known as the "Temple of a Thousand Statues" because of its 1,001 Buddhist statues. Besides the main one, there are one thousand **life-size** statues of the **Thousand-Armed Kannon**. Do you know how many **incarnations** you can see?

T: 33 times 1,001. That makes 33,033 incarnations.

G: Wow! You're good at **arithmetic**!

T: Does 1,000 have a special meaning?

G: Yes. In the 12th century when Sanjusangendo Temple was founded, "1,000" signified perfection in Japan. In a sense, 1,000 was considered the largest possible number. Each Kannon in this temple possesses 42 hands, and each of their extra 40 hands is said to take on 25 different forms in order to save human beings. 40 times 25 makes 1,000 hands. Therefore, 40 hands are regarded as 1,000 hands. Each Kannon has one eye in each palm. Each eye can see 25 worlds, and therefore represents 1,000 eyes. 500 standing life-size statues have been placed to the right and left of the main sitting statue in 10 rows and 50 **columns**. 124 were made when this temple was built and 876 were made in the 13th century when the temple was **renovated**.

T: The Kannon Bodhisattvas all look almost **identical**.

G: These images were carved by 70 **sculptors** and it took about 100 years, so all of them have different faces. Please look at them carefully. You might be able to find a loved one, for example, your grandmother.

T: (Pausing to look) Hey, I've found one that looks like my granny! I feel a kind of **nostalgia** and tranquility, looking at so many statues.

G: I'm happy to hear that.

T：すごい！ たいへんな数の仏像ですね！ 圧倒されてしまいます。

G：三十三間堂は 1,001 体の仏像があるので「千体の仏像の寺」としても知られています。本像（中尊坐像）のほかにも、千体の等身大の千手観音像が配置されています。いくつの化身になるか、わかりますか？

T：33 かける 1,001 は 33,033 の化身です。

G：まあ！計算がお得意ですね。

T：「千」には特別な意味があるんですか？

G：はい。12 世紀、三十三間堂が創建された当時、日本では「千」は無量無限（完全）を意味しました。ある意味では千は考えられる最大の数字とみなされていました。このお寺の各観音は 42 の手を持っています。余分な 40 の手が 25 の異なった形になり、人を救うと言われています。40 かける 25 は千本の手です。だから、40 本の手は千本の手と見なされます。観音はそれぞれの手のひらに目を一つずつ持っています。それぞれの目は 25 の異なった世界を見られますので「千眼」を表します。それからそれぞれ 500 の立像が、中尊坐像の右側と左側の両方に 10 列 50 段に配置されています。124 体はこの寺が建立されたときに、876 体は 13 世紀に寺が再建されたときに作られました。

T：観音菩薩はどれもこれもほとんど同じに見えますが。

G：これらのお像は 70 人の彫刻師によって約 100 年の年月を費やして作られたので、それぞれ異なった顔をしています。注意深くご覧ください。最愛の人、例えば、おばあちゃんを見つけられますよ。

T：（立ち止まって）まあ、おばあちゃんのような仏像を見つけました。このたくさんの仏像を見ると、一種の郷愁と安らぎを感じます。

G：それをお伺いできて嬉しいです。

単語の小箱

□ overpowering 圧倒的な　□ life-size 等身大の　□ Thousand-Armed Kannon 千手観音
□ incarnation 化身　□ arithmetic 計算　□ column 縦の段　□ renovate 改修する
□ identical 同じ　□ sculptor 彫刻家　□ nostalgia 郷愁

5-3　三十三間堂

風神像・雷神像と二十八部衆について

G：通訳ガイド　T：観光客

G: Having a great number of Buddhist statues and repeating Buddhist prayers many times **is typical of** the 12th and the 13th centuries. People relied on Buddha in that **age of confusion**. They believed they would gain a lot of **merit** by doing so. Look at this **fierce** looking statue. This is the **Wind God**. The **Thunder God** is on the far side of the altar.

T: What does the Wind God signify?

G: The Wind God carries a wind bag over his shoulder and creates wind by opening it. The Thunder God makes thunder by hitting a drum. Both of them are standing on **pedestals in the shape of a cloud**.

T: The Wind God looks really **scary**. I think both the wind and the thunder would **cause** a lot of **damage to crops**.

G: As well as fearing the Thunder God and the Wind God, people worshipped them both as gods who controlled the rain, because both the wind and rain bring good harvests. Here you can see the **28 followers of Buddha** lined up **in a row**.

T: What role do they play?

G: They protect Kannon and **pious** Buddhists who believe in Kannon. It's difficult to remember their names, but they have one thing in common. What is it?

T: Let me have a closer look at them. Their eyes are made of crystal?

G: Your answer is correct. These crystal eyes make them more realistic. You can **date** Buddhist figures with crystal eyes **to** the Kamakura period, from the 12th to the 14th century.

G：多くの仏像を持つことや、繰り返し何回もお経を唱えることは 12 世紀と 13
世紀の時代の典型です。人々は、混乱の時代に仏に頼ったのです。そうする
ことで多くのお徳をいただけると信じていたのですね。このすごい形相の像
をご覧ください。これは、風神です。雷神は内陣の端に置かれています。

T：風神は何を表していますか？

G：風神は肩に風袋を背負い、その袋を開けて風を吹かせます。雷神は太鼓を打っ
て雷を鳴らします。共に雲形の台座の上に立っています。

T：風神は本当に怖そうに見えますね。風も雷も穀物に被害をもたらすと思って
いました。

G：人々は、風神と雷神のことを恐れるのと同時に、雨を支配する神として崇拝
しました。と言うのは、風と雨は豊作をもたらしてくれますからね。一列に
並んでいる二十八部衆をご覧ください。

T：二十八部衆はどのような役割ですか？

G：観音と、観音を信じる信仰心の厚い人を守っています。彼らの名前を覚える
のは難しいですが、一つ共通点があります。それは何でしょうか？

T：じっくり見させてください。目は水晶でできていますか？

G：そのとおりです。これらの水晶の目は仏像をさらに本物のように見せます。
水晶の目を持つ仏像は、12 世紀から 14 世紀の鎌倉時代のものであると特定
することができます。

単語の小箱

☐ be typical of ... …の典型である　☐ age of confusion 混乱の時代　☐ merit お徳
☐ fierce すごい　☐ Wind God 風神　☐ Thunder God 雷神
☐ pedestal in the shape of a cloud 雲の形の台座　☐ scary 怖そうな
☐ cause damage to crops 穀物に被害をもたらす
☐ 28 followers of Buddha 二十八部衆　☐ in a row 一列に並んで　☐ pious 信仰心の厚い
☐ date A to B A を B の（時代、年月、時のもの）と特定する

139

5-4 三十三間堂

十一面千手観音、寄木造、仏の象徴であるハスについて

G：通訳ガイド　T：観光客

G: Look at the **seated image** of the **One Thousand-Armed Kannon with 11 faces**. This central figure was carved by the famous sculptor, Kano Tankei. He made it when he was 82 years old.

T: **Awesome**! What are the statues made of?

G: These figures **are carved out of cypress**. A special method called Yosegi-zukuri was used and then **gold leaf was applied on to a lacquer base**.

T: What is this Yosegi-zukuri method?

G: First, the **wooden blocks** are carved separately and then they **are joined together** to make a complete statue.

T: I'm curious to know why these images have 11 faces.

G: They represent human feelings and save human beings in all directions. You can see three merciful faces at the front, three angry faces on the left side, three **fanged** faces on the right side and one open-mouthed laughing face behind. There's an enlightened face on the top.

T: That's interesting. Why are they on a lotus?

G: Because the lotus flower is considered a sacred flower in Buddhism.

T: Why is the lotus considered sacred?

G: The lotus is a symbol of Buddha. There are three reasons for this. The first reason is that lotus seeds don't **rot**, and even if the seed is 1,000 years old, it will still **bud**. This means that the spirit of Buddha will not **be corrupted**. The second reason is that the lotus grows in **muddy water**, but the color of its flowers doesn't change. This shows that the lotus flower is sacred. The third reason is that a lotus **bears both flowers and fruit at the same time**. This shows its **supernatural power**.

G：十一面千手観音菩薩坐像を見てください。この中尊は有名な彫刻師、狩野湛慶が彫ったものです。彼が 82 歳のときに造られました。

T：素晴らしいです！ これらの像は何でできていますか？

G：檜から彫られています。寄木造と言われる特別な用法が使われ、それから金箔が漆の基礎の上に貼られています。

T：「寄木造」とは何ですか？

G：最初に別々の木塊に彫刻が施されて、それから完成させるためにつなぎ合わせられるというものです。

T：なぜ 11 面の顔を持つのか知りたいです。

G：11 面は人間の感情を表し、すべての方向の人間を救済します。正面には慈悲の 3 面、左は怒りの 3 面、右は牙を向きだした 3 面、真後ろには大笑いの面、頭の上には悟りを開いた顔があります。

T：それは面白いです。なぜハスの上にいらっしゃるのですか？

G：ハスの花は仏教では神聖な花と見なされているのです。

T：なぜ、ハスは神聖だと見なされているのですか？

G：ハスは仏の象徴です。それには 3 つの理由があります。一つ目の理由はハスの種は、腐らず千年経っても実を結ぶことです。このことは仏の精神は腐らないことを意味します。二つ目の理由はハスは泥水の中で生育しますが、花の色は変わらないことです。このことはハスの花は神聖だということを意味します。三つ目の理由はハスは花が咲くと同時に実を結ぶことです。このことは自然を卓越した力を意味します。

単 語 の 小 箱

- □ seated image 坐像
- □ One Thousand-Armed Kannon with 11 faces 十一面千手観音菩薩
- □ awesome 素晴らしい □ be carved out of cypress 檜から彫られる
- □ gold leaf 金箔 □ be applied on to a lacquer base 漆の基礎の上に貼られる
- □ wooden block 木塊 □ be joined together つなぎ合わせられる
- □ fanged 牙をむき出した □ rot 腐る □ bud 芽を出す
- □ be corrupted 腐る □ muddy water 泥水
- □ bear both flowers and fruit at the same time 同時に花が咲き実を結ぶ
- □ supernatural power 自然を卓越した力

5-5 　三十三間堂

合掌の方法、ろうそく、線香の持つ役割りについて

G：通訳ガイド　T：観光客

T: What is that rosary-like thing that the **worshippers** are holding?

G: That's a Juzu. A Juzu is a Buddhist rosary which has 108 beads. People are supposed to have 108 **worldly sins**. The 108 beads represent these 108 worldly sins. Worshippers hold rosaries in their hands as they **recite prayers or sutras**. Hold the Buddhist rosary and put your hands together in front of your chest. The right hand is regarded as pure and the left hand impure.

T: Putting both hands together signifies your true self, right?

G: That's an excellent interpretation. Yes. It also indicates **obedience** to Buddha. This is the way we should pray.

After praying

T: Do candles, **incense sticks** and flowers have a specific meaning?

G: They are the three most important things we offer to the Buddha and our dead ancestors. For example, not only do candles illuminate the Buddha and our ancestors but they also represent **wisdom** and mercy. Flowers purify hearts and incense sticks give off a good aroma.

T: Aroma – that reminds me of aromatherapy. Aromas are good for reducing our stress levels.

G: Yes. Aromatherapy is an effective way of making ourselves feel relaxed.

T：参拝者が持っているロザリオのような物は何ですか？

G：あれは数珠です。数珠は仏教用のロザリオで 108 の珠がついています。人は 108 の煩悩を持つと言われています。108 の珠は 108 の煩悩を表します。信者がお祈りしたり、お経を唱えたりするとき、数珠を持ちます。数珠を持って胸の前で手を合わせるのです。右手は清浄、左手は不浄のものと見なされます。

T：両手を合わせることは真実の自己を意味するのですね？

G：その解釈は素晴らしいですね。そうです。また、仏様に従うことも意味します。このようにしてお祈りするべきなのです。

お祈りした後で

T：ろうそく、線香、そして花は特別な意味を持ちますか？

G：それらは仏様やお亡くなりになったご先祖様にお供えする 3 つの最も大切なものです。例えば、ろうそくは仏様とご先祖様のまわりを照らすだけでなく、知恵と慈悲を意味します。花は心を清め、線香は良い香り（アロマ）がします。

T：アロマと言えば、アロマセラピーを思い出します。アロマはストレスを減らすのに良いですよね。

G：はい。アロマ療法は心リラックスさせるのに効き目があります。

单 語 の 小 箱

□ worshipper 参拝者　□ worldly sins 煩悩
□ recite prayers or sutras お祈りしたりお経を読む　□ obedience 服従
□ incense stick 線香　□ wisdom 知恵

5-6 三十三間堂

成人式と年間二大行事の一つの柳のお加持について

Showing a picture of Yanagi-no-okaji

G：通訳ガイド　T：観光客

G: Two big events are held on the Sunday nearest to **Coming of Age Day**.

T: (Interrupting) What's Coming of Age Day?

G: In Japan, the age of adulthood is 18; some municipalities celebrate the coming-of-age ceremony at the age of 18, while others celebrate it at the age of 20. These young people attend ceremonies held in the nearest public halls in their neighborhoods. We encourage them to live independent lives. Well, let's get back to these two events. One is Yanagi-no-okaji which is a Buddhist **incantatory rite**.

T: How are these rites conducted?

G: It's believed that **having water sprinkled** on your head with a **willow branch** cures your headache.

T: Is this a kind of magic?

G: No, there's a scientific relationship between aspirin and willow. As you know, aspirin **is** very **effective for** headaches. It contains salicylic acid which **is extracted from** willow bark.

T: Oh, really? I didn't know that. Taking aspirin is different from having water sprinkled on your head, though, isn't it?

G: Yes, that's why it's called an incantatory rite, but there is one practical thing which is made from willow tree branches, which is a **toothpick**. Using a toothpick **relieves** a **toothache**.

T: I don't like seeing Japanese people using toothpicks at table. Actually, they're removing bits of food, right?

G: Yes, but they're covering their mouths with their hands. Customs differ from country to country, so we have to be careful.

柳のお加持の写真を見せながら

G：成人の日に一番近い日曜日に大きな2つの行事が実施されます。

T：（言葉をさえぎって）成人の日とは何ですか？

G：日本では成人年齢は18歳です。成人式を18歳で祝う市町村もあれば、20歳で祝う市町村もあります。これらの若者は近所の公民館で開催されるセレモニーに参加します。私たちは彼らが自立した人生を歩めるように励まします。それでは、この2つの行事に話を戻しましょうね。一つは柳のお加持で、仏教のおまじないの儀式です。

T：仏教のおまじないの儀式はどのように行われますか？

G：柳の枝で水を頭にかければ、頭痛が治ると信じられています。

T：魔術のようなものですか？

G：いいえ。アスピリンと柳には科学的な関係があるのですよ。ご存じのように、アスピリンは頭痛によく効きます。アスピリンは柳の樹皮から抽出されるサリサイリック酸が含まれています。

T：そうなのですか？ 知りませんでした。アスピリンを服用することは頭に水をかけることとは異なりますけどねえ。

G：はい、だからおまじないの儀式と言われています。だけど柳の木の枝からできている実用的なものが一つあります。それは爪楊枝です。爪楊枝を使うと歯痛が緩和できます。

T：私は日本人が食卓で爪楊枝を使っているのを見るのが好きではありません。実際、食べ物の残りかすを取っているのですね？

G：はい、だけど彼らは手で口を隠していますよ。習慣は国によって違うので、私たちは注意しなければなりませんね。

単語の小箱

□ Coming of Age Day 成人の日　□ incantatory rite おまじないの儀式
□ have water sprinkled 水をかけてもらう　□ willow branch 柳の枝
□ be effective for ... …に効く　□ be extracted from ... …から抽出される
□ toothpick 爪楊枝　□ relieve 和らげる　□ toothache 歯痛

5-7 三十三間堂

三十三間堂と頭痛と柳の木の関係、「通し矢」と呼ばれる弓道の大会、弓道と禅の関係について説明しています。

G：通訳ガイド　T：観光客

G: Let me talk about how Sanjusangendo Temple is connected with headaches and willow trees. In one story, a retired emperor, Goshirakawa, suffered from a severe headache. A divine messenger appeared in his dream and said that in a previous life his head had been pierced by a branch of a big willow tree. He used willow for the ridge beam of the temple and his headache was cured.

Showing a picture of the archery contest known as "Toshiya"

G: Another major event is the archery competition. This open veranda was formerly used as an archery field. Japanese archery is closely related to Zen and it requires concentration. It trains not only the body but also the mind. The archery competition is a daylong event held in the traditional manner. The origin of this contest dates back to the 16th century. The winner was the contestant who **successfully shot** the largest number of **arrows** within 24 hours.

T: Was it difficult to **hit the target**?

G: There was no special target: it was enough for the arrow to reach the other end. The contestants had to shoot their arrows 120 meters, 400 feet.

T: Mmm. That means they had to shoot very straight, right? What was the record?

G: The record was set by Wasa Daihachiro. It's recorded that he shot 13,053 arrows within 24 hours, out of which 8,133 successfully reached the end. Can you **work out** how often he **fired off an arrow**?

T: Let me calculate. Wow! He shot an arrow off every 10 seconds.

G：三十三間堂が頭痛および柳の木とどのように関係があるかお話しさせてください。後白河上皇は頭痛を患っていました。神のお使いが後白河上皇の夢の中に現れて、前世での後白河上皇の頭に大きな柳の木の枝が刺さっていると告げました。後白河法皇はお寺の棟の梁に柳を使い、頭痛は治ったというお話があります。

「通し矢」と呼ばれる競技の写真を見せながら

G：もう一つの大きな行事は弓道の大会です。この広いベランダはかつては弓道場として使われていました。日本の弓道は禅と深く関係していまして、集中力を必要とします。体だけでなく心も訓練します。弓の大会は伝統的な方法で、一日かかって行われる行事です。この大会の起源は 16 世紀にさかのぼります。24 時間に、見事に一番多くの矢を射た競技者が優勝しました。

T：的に当てるのは難しかったんですか？

G：特定の的はありませんでした。矢が端まで届けば十分でした。競技者たちは矢を 120 メートル（400 フィート）飛ばさなければなりません。

T：う〜ん。それは競技者が真っ直ぐに射ねばならなかったことを意味しますね。記録はどうでしたか？

G：最高記録は和佐大八郎によって打ちたてられました。24 時間に 13,053 矢放ったと記録されています。その中で 8,133 矢が見事に的中しました。どれくらいの頻度で矢を放ったか計算できますか？

T：計算させてください。すごいです！ 10 秒に一矢を放ったんですね。

単 語 の 小 箱

□ successfully 見事に　□ shoot an arrow 矢を射る　□ hit the target 的に当てる
□ work out 算出する　□ fire off an arrow 矢を次から次へと放つ

5-8 三十三間堂

通し矢の大会の内容や、通し矢に参加する新成人女子の衣装、
振袖、袴、着付けなどについて

G：通訳ガイド　T：観光客

G: As many as 2,000 experienced archers participate in it. There are two different contests. One is for 20-year-olds celebrating their "coming of age", and the other is for title holders. The 20-year-old participants try to hit a target with a **diameter** of 100 centimeters 60 meters away. Contestants who **hold some kind of title** try to hit a target with a diameter of 79 centimeters 60 meters away. The rules require all participants to shoot twice in the contest. Participants who **hit the mark** twice go on to the finals. Fewer than 100 participants **reach the final round**. The size of the target in the final round is much smaller and those who fail to hit it **drop out**. The contestant who continues to hit the target wins the contest. My **niece** participated in this contest last year. Here's a picture of the contest. Here she is.

T: Wow! She's beautiful.

G: The contest in which the 20 year-old women participate is the most impressive. This scene **is** often **televised**.

T: I've read a book which says that young Japanese women wear a special kind of *kimono* called *Furisode*. Are they wearing *Furisode*?

G: Yes. *Furisode* is a formal *kimono* with long flowing sleeves. Single women wear *Furisode* on formal or festive occasions. They're wearing *Hakama*, too. A *Hakama* is a divided and pleated skirt which is worn over a *kimono*. They get up early to be dressed up by a *kimono* fitter. It costs about 10,000 yen.

T: Can't women put on their *kimonos* by themselves?

G: No, most women can't. They have their hair done at a hair salon for 10,000 yen, too.

T: Wow! That's expensive! The next time I come to Japan, I want to watch this contest. I feel I've earned a lot of merit today by praying to so many Buddhist statues.

G：2千人もの経験豊かな弓道家が通し矢に参加します。2種類の異なった競技があります。一つは成人を祝う20歳の人のための競技、もう一つは称号者たちの競技です。20歳の参加者は60メートル離れた直径が100センチメートルの標的を狙います。称号者は、やはり60メートル離れた直径が79センチメートルの標的を狙いします。規則に従って、すべての参加者が2回、矢を射ます。標的に二度当てた参加者が決勝に進出します。決勝に残るのは、わずか100人くらいです。決勝での標的のサイズはずっと小さくて、的中できなかった人は脱落し、的に当て続けた人が優勝します。私の姪は昨年、大会に参加しました。これが大会の写真です。これが彼女です。

W：わあ！ きれいな人ですね。

G：成人女性が参加するこのコンテストが一番印象的です。このシーンがよくテレビ放送されます。

T：若い日本女性が特別な着物、振袖を着用するという記事を読んだことがあります。彼女たちは振袖を着ているのですか？

G：はい、振袖は長い袖の付いたフォーマルな着物です。独身女性がフォーマルな場やお祝い事などで着用します。彼女たちは袴も着用しています。袴は着物の上に着用する、2つに分かれたひだの入ったスカートです。彼女たちは早起きして着付け師に着付けてもらいます。着付け料金は1万円くらいです。

T：女性は自分で着付けられないのですか？

G：はい。ほとんどの女性はできないと思います。彼女たちはまた、美容室で1万円くらいかけて髪を結ってもらいます。

T：へえ、ずいぶんお金がかかるんですね！ 次回日本に来たらこの大会を見たいです。今日は多くの仏像にお祈りすることによってたくさんのお徳を得られたと思います。

単語の小箱

☐ diameter 直径
☐ hold some kind of title 称号を持つ　☐ hit the mark 的を射る
☐ reach the final round 決勝に進出する　☐ drop out 落伍する、失格になる
☐ niece 姪　☐ be televised テレビ放映される

瞬間英作文

1. 平清盛が 12 世紀に三十三間堂を創建しました。

2. 三十三間堂の間口は日本で一番広いです。

3. 祭壇の前の柱の間に 33 の空間があります。

4. 千体の等身大の千手観音像をご覧になれます。

5. あなたは 33 の異なった化身を見ることができます。

6. 500 の等身大の立像が本像の右側と左側の両方に 10 列 50 段に置かれています。

7. 多くの仏像を持つことや繰り返しお経を唱えることは、12 世紀と 13 世紀の時代の特徴です（を反映させています）。

8. 雷神も風神も雲の形をしている台座に座っています。

9. 二十八部衆は一列に並んでいます。

10. 水晶の目を持つ仏像は 12 世紀から 14 世紀の鎌倉時代のものであると特定することができます。

---

1. found 創建する　　2. frontage 間口　　3. altar 祭壇　　4. life-size 等身大の
5. incarnation 化身　　6. column たての段　　7. be typical of ... …の特徴である
8. pedestal 台座　　9. in a row 一列に並んで
10. date A to B A を B の時代のものだと特定する

解|答|例

1. Taira-no-Kiyomori **founded** Sanjusangendo Temple in the 12th century.

2. Sanjusangendo Temple has the longest **frontage** in Japan.

3. There are 33 spaces between the pillars in front of the **altar**.

4. You can see one thousand **life-size** statues of the Thousand-armed Kannon.

5. You can see 33 different **incarnations**.

6. 500 standing life-size statues have been placed to the right and left of the main sitting statue in 10 rows and 50 **columns**.

7. Having a great number of Buddhist statues and repeating Buddhist prayers many times **is typical of** the 12th and the 13th centuries.

8. Both the Thunder God and the Wind God are sitting on **pedestals** in the shape of a cloud.

9. The 28 followers of Buddha are lined up **in a row**.

10. You can **date** Buddhist figures with crystal eyes **to** the Kamakura period, from the 12th to the 14th century.

瞬間英作文

11. ハスの種は千年経っていたとしても、芽を出します。

12. ハスは花が咲くのと同時に実がなります。

13. 私たちは 108 の煩悩を持つとされています。

14. 両手を合わせることは仏様への服従を意味します。

15. ろうそくは知恵と慈悲をも意味します。

16. 柳のお加持は仏教のおまじないの儀式です。

17. 爪楊枝を使用することが歯痛を和らげるとは驚きです。

18. 日本の弓道は体だけでなく精神をも鍛えます。

19. 二度標的に当てた参加者が決勝に進出します。

20. あなたは今日は多くの仏像にお祈りすることで、たくさんのお徳を得られましたよ。

---

11. lotus seed ハスの種　　12. bear fruit 実がなる　　13. worldly sin 煩悩
14. obedience 服従　　15. mercy 慈悲　　16. incantatory rite おまじないの儀式
17. toothpick 爪楊枝　　18. Japanese archery 弓道　　19. hit the mark 標的に当てる
20. merit お徳

解答例

11. Even if the **lotus seed** is 1,000 years old, it will still bud.

12. A lotus **bears** both flowers and **fruit** at the same time.

13. We are supposed to have 108 **worldly sins**.

14. Putting both hands together signifies **obedience** to Buddha.

15. Candles represent wisdom and **mercy**.

16. Yanagi-no-okaji is a Buddhist **incantatory rite**.

17. It is surprising that using a **toothpick** relieves a toothache.

18. **Japanese archery** trains not only the body but also the mind.

19. Participants who **hit the mark** twice go on to the finals.

20. You have earned a lot of **merit** today by praying to so many Buddhist statues.

玉虫の宝庫

1 千体の観音様に息をのむ三十三間堂

❶ 千体千手観音立像（正式名：十一面千手千眼観音菩薩立像）
本堂には千体の立像が安置されています。平安期の立像が 124 体あります。その他の立像は、鎌倉時代に 16 年かけて再建されたと言われています。

❷ 中尊千手観音坐像（正式名：十一面千手千眼観音菩薩坐像）
本堂中央に祀られる坐像で座高は 355 センチ。再建時、狩野湛慶（たんけい）が 82 歳のときに仕上げた作品です。

❸ 風神、雷神を囲む晴れやかなガードマンの二十八部衆
二十八部衆の役割は、千手観音様と観音様を信じる人を守ることです。しかしそれだけではなく、威圧的になりがちな堂内を明るく演出してくれているようにも感じられます。インド出身の鬼神様が多いですね。

2 通訳ガイドからのアドバイス

アドバイス 1
時間がないときの説明は簡潔を心がける！
数の 1,000 については、"1,000" was considered the largest possible number.（1,000 は（可能な）考えられる最大値と見なされていました）とだけ説明してもよいでしょう。5-2 のガイドの説明は少し長いです。40 の手が 25 の異なった形になるので 1,000 本の手と見なされる、などはカットして OK です。

アドバイス 2
難しい仏教用語や数字もきちんとおさえる！
①観音様が人を助けるために 33 の姿に化身くださること、②人間は 108 の煩悩を持つことをはっきり説明しましょう。
① Kannon appears in 33 different forms in response to each individual's needs in order to save them.
② People are supposed to have 108 worldly sins.

アドバイス3

ハスの説明はハスのあるスポットならどこでも使える！

Lotus seeds don't rot and even if the seed is 1,000 years old, it will still bud.（ハスの種は腐らず、千年経っても実を結びます）のお話に感動する外国人観光客が多いです。

アドバイス4

ときには科学的な知識も披露する！

柳のお加持に使われる柳にはアスピリンと同じ成分が含まれていることや、柳でできた爪楊枝には鎮痛作用がある話に興味を示す観光客が多いので話しましょう。

3 通訳ガイド体験日記

●イングランドの建築家の聞き役になったことも

三十三間堂に到着する前から、The Sanjusangendo is the longest wooden building in Japan and it's 120 meters long, right?（三十三間堂は日本一長い木造建築で120メートルですね？）と話し始めたイングランドの建築家に驚いたことがあります。知識が豊富でおしゃべり好きな方だったので、聞き上手なガイドに徹しました。

●本尊千手観音坐像の背後の、千手千眼観音立像の役割とは？

新人ガイドのとき、本尊である千手観音坐像の背後の立像の役割について聞かれ、答えられませんでした。正解は、This statue is behind the main image as a guardian.（中尊を守るために後ろにいます）です。※背後の立像も合わせると1,001体の立像になります。

●仏像に対する思いが変わった

通訳ガイドになるまでは仏像が少し怖かったのですが、下のような説明方法を覚えてから仏像が好きになりました。Please look at them carefully. You might be able to find a loved one, for example, your grandmother.（注意深くご覧ください。最愛の人、例えば、おばあちゃんを見つけられますよ）。また、You can find yourself among the 1,001 statues.（1,001体の像からあなた自身を探せます）とのガイドの方法も流行しています。

●観音菩薩の性別はない

観音はよく Goddess of Mercy（慈悲の女神）と英訳されることが多いのですが、菩薩には性別がないので厳密に言えば男性形も女性形も使えません。

● Canon の会社名は観音様が語源であることを観光客から教えていただいた

キヤノンの会社は「観音」が語源です。The camera manufacturer took its name from Kannon.（カメラメーカーのキヤノンは「観音」にちなんで名付けられました）と次のガイディングでは説明するようにしました。

4 ガイド英語 Q&A

質問1.

○ Do you know how many incarnations you can see? と

× Do you know how many incarnations you can look at?

の違いを教えてください。

はい、お答えします

通常、can look at という言い方をネイティブはしません。see は視覚、見る「能力」の意味を含むので can と合わせて使用できます。Do you know how many incarnations you're looking at? なら OK です。

質問2.

5-2 に 1,000 was considered the largest possible number. と書かれていますが、ほかの例はありますか？

はい、お答えします

千両役者（Excellent actor）、悪事千里を走る（Bad news travels fast）、千変万化の（ever-changing）、千客万来である（have a great number of visitors）

5 日本事象をチェック！

□ 4. 寄木造　□ 4. ハスの花　□ 5. ろうそく・線香・花　□ 6. 成人式
□ 6. 柳のお加持　□ 7. 通し矢　□ 8. 振袖　□ 8. 羽織

156 ｜ 玉虫の宝庫・三十三間堂

Chapter
6

清水寺

世界文化遺産とされている清水寺。桜の季節ともみじの季節は美しくライトアップされ、まるでお伽の国へと誘われるようです。舞台からの息を呑むような光景、観光客に人気の音羽の滝など、たくさんの見所を楽しく案内しましょう。

6-1 清水寺

清水寺の名前の由来や起源について

G：通訳ガイド　T：観光客

G: Before we arrive at Kiyomizu Temple, I'll give you a short lesson. Kiyomizudera, or Kiyomizu Temple, literally means "Clean Water Temple."

T: Could you tell me about the origins of Kiyomizu Temple?

G: It's said that the origins of this temple go back to the end of the 8th century. According to legend, a priest called Enchin came to Mt. Otowa to look for clean water. Luckily, he managed to find a waterfall at the foot of Mt. Otowa, and there he received a log possessed by the spirit of Kannon Bodhisattva from Gyoei, an ascetic. Enchin had the log carved in the shape of Kannon and enshrined this image in a small thatched **hut**. This is the origin of Kiyomizu Temple. Sakanoue Tamuramaro, a **military commander**, came to the mountain to hunt deer, because his wife was about to give birth. A deer's blood was thought to **ease the delivery of babies**. He **came across** Enchin, who **preached** to him about the **cruelty** of killing living things and then taught him about the **religious virtues** of **Kannon Bodhisattva**. Tamuramaro **repented of** his actions.

T: I'm an animal lover, so I'm happy to know that Tamuramaro realized the cruelty of killing animals.

G: The story goes that Tamuramaro and his wife became **enthusiastic worshippers** of Kannon Bodhisattva and after **putting down a rebellion** in the northeast, Tamuramaro built a temple for Kannon in 798 A.D., and it was later named Kiyomizu Temple. Kiyomizu Temple burned down many times and most of the present temple structures date from a reconstruction in 1633.

G：清水寺に着く前に、短いレッスンをしますね。清水寺、または Kiyomizu Temple は「きれいな水のお寺」を意味します。

T：清水寺の起源について教えてください。

G：このお寺の起源は 8 世紀末までさかのぼると言われています。伝説によれば、延鎮上人が音羽山に清らかな水を探しにやって来ました。幸運にも、彼は音羽山のふもとで滝を見つけることができ、そこで行叡という名の修行者から観音菩薩の魂のこもった丸太を受け取りました。延鎮は丸太を観音の形に彫り、観音像を小さなわら葺きの小屋に祀りました。これが清水寺の起源です。武将、坂上田村麻呂は妻が出産するので山に鹿を狩りに来ていました。鹿の血は出産を楽にすると考えられていました。偶然、彼は延鎮に出会いました。延鎮は彼に生命あるものを殺すことの残酷さ、そして観音菩薩のお徳を説きました。田村麻呂は鹿を殺してしまったことを後悔しました。

T：私は動物愛好家なので、田村麻呂が動物を殺す残酷さを理解してくれて嬉しいです。

G：田村麻呂と彼の妻は観音様の熱心な信者になり、田村麻呂が東北地方の反乱を鎮定した後、798 年に彼は観音様のお寺を建てました。そして後に清水寺と名づけられました。清水寺は何回も火事に遭い、現在のお寺のほとんどの建物は 1633 年に再建されたものです。

単語の小箱

- □ hut 小屋　□ military commander 武将
- □ ease the delivery of babies 出産を楽にする　□ come across 偶然出会う
- □ preach 説教する　□ cruelty 残酷さ　□ religious virtues 宗教的なお徳
- □ Kannon Bodhisattva 観音菩薩　□ repent of ... …を懺悔する
- □ enthusiastic worshipper 熱心な信者　□ put down a rebellion 反乱を鎮定する

6-2 清水寺

清水焼、京都名物のお菓子、
仁王門について

After getting off the bus

G：通訳ガイド　T：観光客

G: From here we have to walk up a slope to the temple. This lane **leading to** Kiyomizu Temple **is lined with** shops selling **porcelain**, **pickles**, **sweets**, **souvenirs** and so on.

T: Wow! I really like this atmosphere. To tell you the truth, I like **touristy** areas.

G: This area is famous for Kiyomizu-yaki which is **glazed** porcelain with a white **translucent** body. Some foreign tourists buy Kiyomizu-yaki as souvenirs. You must be careful not to put them in the dishwasher along with other cups and bowls. They're quite **fragile**.

T: I see. These **vendors** smiling at us look very kind! They're offering us samples of Japanese sweets, are they?

G: That's right. These Japanese sweets are named "Otabe." This means "Eat." "Otabe" are a **specialty** of Kyoto.

After trying a food sample

T: Yummy! I want to **take** some "Otabe" **back** to my country.

G: You should buy some on our way back. You're going to be staying in Japan for a week, aren't you? I'll check the **eat-by date** before you buy it.

バスを降りてから

G：ここからは、坂道を歩いて上っていかなければなりません。清水寺に続くこの通りには磁器、漬物、甘いお菓子、お土産などを販売するお店が並んでいます。

T：すごいですね！ 私は本当にこの雰囲気が大好きです。実を言うと、私は観光地化された場所が好きなんです。

G：この地域は清水焼で有名です。清水焼とは上薬を塗った白い半透明の磁器です。外国人観光客の中には清水焼をお土産として買う人もいます。ほかのカップやおわんと一緒に食器洗い機に入れないようにしなければなりません。とても壊れやすいです。

T：なるほど。売り子さんたちは愛想が良くて親切ですね！ 彼女たちは私たちに甘い和菓子をすすめてくれているのですね。

G：そのとおりです。これらの日本の甘菓子は「おたべ」という名前です。それは「食べてください」を意味します。「おたべ」は京都の名物です。

試食して

T：美味しいですね。「おたべ」を私の国に持って帰りたいです。

G：帰り道で買えばよいですよ。あなたは日本に 1 週間滞在するんですよね？
買う前に賞味期限をチェックしてあげましょう。

単語の小箱

- □ lead to ... …へ続く　□ be lined with ... …が並んでいる　□ porcelain 磁器
- □ pickles 漬物　□ sweets 甘いお菓子　□ souvenir 土産物
- □ touristy 観光地化された　□ glazed 上薬を塗った　□ translucent 半透明の
- □ fragile 壊れやすい　□ vendor 売り子　□ specialty 特産品・名物
- □ take ... back …を持って帰る　□ eat-by date 賞味期限

163

6-3　清水寺

仁王門、鐘楼と除夜の鐘、日本とイギリスの大晦日の比較について

In front of the Nio-Gate (Gate of the Deva Kings)

G：通訳ガイド　T：観光客

G: This is the Gate of the **Deva Kings**. It's built in the "**hip gable roof**" **style** with a **cypress bark roof**. Look at the pair of Deva Kings. They are checking to see if you are a good visitor to the temple or not.

T: They are guarding the temple, right?

G: That's right. Look at the Deva King on the right. His mouth is open. He's **mouthing** the sound "Ah." That's the first sound in the Sanskrit phonetic system. Look at the Deva King on the left. His mouth is closed. He's saying "Un" which is the last sound in the Sanskrit phonetic system.

T: Does this have any significance?

G: Yes, they are expressing **the entire breadth of Buddha's teaching**.

In front of the Shoro (Bell Tower)

G: This is the **Bell Tower**. Most bell towers are supported by four pillars, but this is unique in that it's supported by six pillars. On **New Year's Eve**, the bell is rung 108 times.

T: Why are 108 chimes rung?

G: Buddhism teaches that we have 108 **worldly sins** or worldly desires.

T: I see. The bells are rung to **rid** us **of** these 108 worldly sins?

G: That's right. The 108 chimes are supposed to **release** people **from** the 108 worldly sins.

T: It's similar to our church bells. **At the stroke of** midnight all the churches begin **tolling** and we say "Happy New Year!" We sing "**Auld Lang Syne**" on New Year's Eve.

G: We sing that song to Japanese lyrics at elementary and junior high school graduation ceremonies.

T: That's interesting! It's originally a Scottish **folk tune**.

仁王門の前で

G：これは仁王門です。入母屋造りの檜皮葺きです。一対の仁王をご覧ください。
　　彼らはあなたがお寺に入っても良い参拝者かどうかを確認しているのです。

T：彼らはお寺を守っているのですね？

G：その通りです。右側の仁王を見てください。口を開けています。「あ」の音を
　　発しています。サンスクリット語の音声システムの始まりです。左側の仁王
　　を見てください。口を閉じています。「うん」を発しています。サンスクリッ
　　ト語の音声システムの終わりです。

T：これは何か重要な意味があるのですか？

G：はい、彼らは仏の教えのすべてを表しているのです。

鐘楼（ベルタワー）の前で

G：これは鐘楼です。ほとんどの鐘楼は4本の柱で支えられますが、これは6本
　　で支えられている点がユニークです。大晦日に鐘が108回つかれます。

T：なぜ、108回鐘が打たれるのですか？

G：仏教では私たちは108の煩悩を持っていると教えています。

T：なるほど。鐘は108の煩悩を放つために、つかれるのですね。

G：そのとおりです。108回の鐘が人々を108の煩悩から解放するためにつかれ
　　ることになっています。

T：教会の鐘とよく似ていますね。午前零時きっかりに、すべての教会は鐘をつ
　　き始め、私たちは「あけましておめでとう」と新年の挨拶を交わします。私
　　たちは大晦日に「オールド・ラング・サイン」を歌います。

G：私たちは小学校や中学校の卒業式で、その歌に日本の歌詞をつけて歌います。

T：それは面白いですね。元はスコットランドの民謡なのですよ。

単語の小箱

□ Deva Kings 仁王　□ "hip gable roof" style 入母屋造
□ cypress bark roof 檜皮葺き　□ mouth 口だけ動かして伝える　□ New Year's Eve 大晦日
□ the entire breadth of Buddha's teaching 仏の教えのすべて　□ bell tower 鐘楼
□ worldly sin 煩悩　□ rid A of B AからBを取り除く
□ release A from B AからBを取り除く　□ at the stroke of ... …きっかりに
□ toll 音を鳴らす　□ "Auld Lang Syne"「蛍の光」　□ folk tune 民謡曲

6-4　清水寺

随求堂、経堂、開山堂について

In front of a three-story pagoda

G：通訳ガイド　T：観光客

G: Look at this three-story pagoda. It's one of the highest three-story pagodas in Japan. The southeast corner of the roof has a dragon, because the dragon is the god of water. This dragon protects Kiyomizu Temple against fire. This structure contains the "**Great Sun Buddha**".

In front of Zuigu Hall

G: Would you be interested in going back into your mother's **womb**?
T: I'd be curious, but it sounds scary.

In Zuigu Hall

G: **Hold on to** the **string** of **Buddhist rosary beads** and walk along it.
T: It's too dark to see anything.
G: You have to find your own light in the darkness.
T: At last I've found a **ray of light**. That's a **relief**!
G: I think that kind of feeling is important, too. When **Gautama Shakamuni** found the **morning light**, he **reached enlightenment**.

In front of the Sutra Hall

G: This hall is a **repository** for all the Buddhist sutras and a **trinity of Shakamuni Buddha** is enshrined here.

In front of Founder's Hall

G: The hall contains the images of Gyoei, Enchin and Sakanoue Tamuramaro and his wife.

三重塔の前で

G：この三重塔をご覧ください。これは三重塔としては日本で最大級の塔です。龍は水神なので屋根の東南角には龍がいます。この龍は清水寺を火事から守っています。大日如来がいらっしゃいます。

随求堂の前で

G：お母さんの子宮に戻ることに興味がありますか？
T：面白そうで気になりますが、怖そうですね。

随求堂の中で

G：数珠の紐につかまってそれに沿って歩いてください。
T：暗すぎて何も見えません。
G：この暗闇の中で自分自身の光を感じなければならないのです。
T：とうとう、一筋の光を見つけることができました。安心しました！
G：私はこのような感情も大切だと思います。お釈迦様は朝日を見て悟りを開かれたのです。

経堂の前で

G：このお堂はすべてのお経の宝庫で、ここには釈迦三尊像が安置されています。

開山堂の前で

G：このお堂には行叡、延鎮、坂上田村麻呂夫妻の像が安置されています。

単語の小箱

☐ "Great Sun" Buddha 大日如来　☐ womb 子宮　☐ hold on to ... …につかまる
☐ string 紐　☐ Buddhist rosary beads 数珠　☐ ray of light 一筋の光
☐ relief 安心　☐ Gautama Shakamuni お釈迦様　☐ morning light 朝日
☐ reach enlightenment 悟りに達する　☐ repository 宝庫
☐ trinity of Shakamuni Buddha 釈迦三尊像

167

6-5 清水寺

「フクロウ手水鉢」の名前の由来と
「フクロウ」が持つ意味について

After washing their hands at a washbasin

G：通訳ガイド　T：観光客

G: This basin is called the "Owl washbasin."

T: I can't understand that. I think it should be called the "Dragon basin."

G: The dragon is a water guardian, so it's a very important creature, but this basin isn't named after it. Look at the four corners of the basin. This name comes from the owl motif on the four corners of the foundation stone under the basin.

T: Does the owl have any special significance in Japan?

G: The owl is the guardian bird of Buddhism. As an owl can see in the dark at night, it can **illuminate** the temple. The word for owl is "Fukuro" in Japanese. "Fukuro" also means "mother", "purse" or "without pains" in Japanese. You can become **merciful**, rich and wise by keeping a "Fukuro" **lucky charm**. The owl is a symbol of happiness. What does the owl mean to you in your country?

T: We **associate** it **with** wisdom.

G: In Japan, too.

T: The reason why Native Americans associated the owl with **wisdom** is that it can **foretell** weather conditions. I've read a book which says that during **medieval times** in western and central Europe, it was associated with witches or wizards, and it's considered a messenger of secrets by the Australian aborigines.

G: I see. Judging from what you said, I get the impression that they have **second sight**.

手水鉢で手を洗った後

G：この鉢は「フクロウ手水鉢」と呼ばれています。

T：わかりませんね。私は「龍の手水鉢」と名づけられるべきだと思います。

G：龍は水の守護神ですから、とても大切な動物ですが、この手水鉢はそのように名づけられてはいないのです。鉢の底の四隅をご覧ください。この名前は鉢の底の四隅のフクロウのモチーフから由来しているのです。

T：フクロウは日本では特別な意味を持っているのですか？

G：フクロウは仏教の守護鳥です。暗い夜、目が見えるのでお寺を明るくできます。owl は日本語では「フクロウ」です。「フクロウ」は日本語では「お母さん」、「財布」、「不苦労で（苦労なしで）」も意味します。あなたは、「フクロウ」の幸運のお守りを持つことで　慈悲深く、お金持ちに、そして賢くなれます。「フクロウ」は幸福の象徴です。あなたの国では「フクロウ」は何を意味しますか？

T：私たちはフクロウを「知恵」と結び付けます。

G：日本でも同じですよ。

T：ネイティブアメリカンがフクロウを知恵と結び付ける理由は、天気を予測できるからです。中世では西ヨーロッパと中央ヨーロッパでは、魔女、魔法使いと結びつけて考えられ、オーストラリアの原住民の間では秘密のメッセンジャーと見なされていると書かれた本を読んだことがあります。

G：なるほど。あなたのお話からすると、予知能力があるような印象を受けますね。

単語の小箱

□ illuminate 照らす　□ merciful 慈悲深い　□ lucky charm 幸運のお守り
□ associate A with B A と B を結びつける　□ wisdom 知恵　□ foretell 予測する
□ medieval times 中世　□ second sight 予知能力

6-6　清水寺

轟門、お釈迦様の足跡、大黒天、
弁慶の下駄と杖について

At the Todoroki-Gate

G：通訳ガイド　T：観光客

G: This is the Middle Gate to the Main Hall. It literally means, "The gate which spreads the Buddha's teaching." Eight pillars and three ridgepoles support the gabled tile roof.

At the back of Asakura Hall

G: These are **footprints** of Gautama Shakamuni. It's believed that your **sins** will **be extinguished** if you **gaze upon** these footprints.
T: I'll gaze on them for a while.

In front of Daikoku-ten

T: What's this doll?
G: It's a doll that will guarantee you success.

In front of Benkei's clogs

T: What's this pair of iron things?
G: It's said that about 800 years ago, there was a very strong priest named Benkei. According to legend, he used to walk up the hillside wearing these heavy **clogs**, with staffs in his hands. He trained by himself. Try to **lift** them **up**.
T: Someone must have **made up this story**. I couldn't even walk a few steps in them.
G: It's said that if you touch these, your legs will become stronger. This bigger iron staff weighs 90 kilograms. This smaller iron staff **weighs** 14 kilograms. The legend **originated** because of Benkei's great strength.

轟門にて

G：本堂への中門です。文字どおりは「仏の教えを伝える門」を意味します。
8本の柱と3本の棟木が切妻造の本瓦葺きを支えています。

朝倉堂の後ろで

G：これはお釈迦様の足跡です。あなたがじっと見つめたら、あなたの罪が消え
ていくと信じられています。

T：しばらくの間見つめてみますね。

大黒天の前で

T：この人形は何ですか？

G：これはあなたを出世へと導いてくれる人形です。

弁慶の鉄の下駄の前で

T：この鉄の道具は何ですか？

G：800年くらい前に、弁慶という名の豪傑の僧侶がいたと言われています。伝
説によれば、彼は丘をこの重い下駄を履いて、杖を持って歩いたものでした。
彼は自己を鍛錬したのです。持ち上げてごらんなさい。

T：誰かが話をでっちあげたに違いないですね。私ならこの鉄の下駄を履いて2、
3歩も進めないでしょう。

G：これに触れると足が強くなると言われています。大きいほうの鉄杖が90キロ
グラム、小さいほうでも14キログラムです。弁慶はとても強かったのでこ
の伝説が生まれました。

単語の小箱

□ footprint 足跡　□ sin 罪　□ be extinguished 消える　□ gaze upon ... …を睨む
□ clogs 下駄　□ lift up 持ち上げる　□ make up a story 話を作りあげる
□ weigh 重さである　□ originate 生まれる（始まる）

171

6-7 清水寺

西国三十三箇所観音霊場、高齢化社会とその理由について

In front of the Hondo (Main Hall)

G：通訳ガイド　T：観光客

G: This is the Main Hall. The Main Hall was rebuilt in 1633 by the third Tokugawa Shogun, Iemitsu. The **main image** is the **Eleven-headed, One thousand-armed Kannon Bodhisattva**. Its one thousand arms and eleven heads help mankind in many different ways. It**'s displayed to the public** every 33 years. This number comes from the fact that Kannon **transforms itself into** 33 different forms to help people in trouble.

After praying

T: By the way, who are the people wearing white *kimonos*, wide-brimmed hats, and straw sandals?

G: They are pilgrims. This is the 16th pilgrimage temple of the **33 Kannon pilgrimage temples in western Japan**. They have to walk long distances, but they believe that experiencing such **trials** will bring happiness in this world and the next.

T: Only elderly people **go on pilgrimages**?

G: No, even children can do them, but most of the pilgrims aren't young. Japan now enjoys the highest **life expectancy** in the world. Elderly people account for one-fourth of the population. Some go on a pilgrimage to ease the fear of old age, illness and death. They are happy to receive a stamp given by each temple to fill up their little stamp books. According to a survey, the average life expectancy for Japanese women is 86 years and the average life expectancy for Japanese men is 79 years.

T: Why do the Japanese live so long?

G: There are two main reasons. One is that the **national health insurance system** provides good medical treatment and office workers get annual **health check-ups**. Another reason is that the Japanese diet is low-fat and healthy.

本堂の前で

G：これは本堂です。本堂は1633年に徳川幕府3代将軍・家光によって再建されました。この本像は十一面千手観音です。千本の手と11の顔が人間を多くの方法で助けてくださいます。33年毎に公開されます。観音が困った人を33の異なった形に変身して助けることに、この数字は由来しています。

お祈りした後で

T：ところで、白い着物に、つばの広い帽子と草履を身につけている人たちは誰ですか？

G：巡礼者です。ここは観音西国三十三箇所の16番目に巡礼するお寺なんです。彼らは長い距離を歩かなければなりませんが、こういった試練を体験することで、現世で、そして来世でも幸福がもたらされると信じているのです。

T：巡礼するのは高齢者だけですか？

G：いいえ、子供でも巡礼できますが、たいていの巡礼者は若くはありません。今日、日本は世界で一番、平均寿命が長いです。高齢者は人口の4分の1を占めます。老い、病、死の恐怖感を和らげるために巡礼に出る人もいます。彼らはそれぞれのお寺で朱印帳いっぱいに印を押してもらうのが嬉しいんですよ。調査では日本人女性の平均寿命は86歳、男性の平均寿命は79歳です。

T：なぜ、日本人は長生きするんでしょう？

G：2つの大きな理由があります。一つには国民健康保険制度で人々が良い医療を受けられ、会社員は1年に一度の健康診断を受けることです。もう一つは、日本人の食事は低脂肪で健康に良いからです。

単語の小箱

□ main image　本像
□ Eleven-headed, One thousand-armed Kannon Bodhisattva　十一面千手観音
□ transform *oneself* into ...　…に変身する
□ be displayed to the public　一般公開される
□ 33 Kannon pilgrimage temples in western Japan　西国三十三箇所観音霊場
□ trial　試練　　□ go on pilgrimage　巡礼する　　□ life expectancy　平均寿命
□ national health insurance system　国民健康保険制度　　□ health check-up　健康診断

6-8 清水寺

清水の舞台の意味、8月の特定の日に
お参りすることの効果などについて

On the Kiyomizu Stage

G：通訳ガイド　T：観光客

G: The Main Hall is famous for its platform **projecting** over a cliff. You can enjoy the Kyoto city view. In front of you, you can see the Koyasu-no-to which literally means "Easy-birth Pagoda." The Otowa waterfall is at the foot of the cliff. Later we'll visit all these things.

T: This panorama is quite **breathtaking**.

G: There's a famous expression, "You must act as if you were **jumping off** the stage of Kiyomizu."

T: Does that mean "**In a sink or swim situation**, you have to run a risk"?

G: Yes. It also means, "**Take action** when you are **taking a risk**", "Do something with strong determination" and "You have to take a risk to make your dream come true."

T: I don't want to jump off, because I don't want to **ruin** the scenery. I want to live a long life just like Japanese people.

G: In 1882, a regulation was issued which banned jumping. Actually, up to then, 234 people had jumped off, and the **survival rate** was 85%.

T: I've read an article that said the **suicide rate** in Japan is high. Why is that?

G: That's a difficult question. Probably, in the olden days, suicide **was glamorized**, just like "Harakiri." The suicide rate seems to have a lot to do with the economy. During the economic crisis in the late 1990's, the suicide rate went up.

T: A book I've read said that suicide is **contagious**.

G: Scientific studies show that, but I think it's more a question of **copycat suicides**. Well, let's change from this gloomy topic to a brighter one. It is said that if you visit this temple on any day from the 9th to the 16th of August you can get the same amount of merit as you would by visiting this temple 1,000 times.

清水の舞台の上で

G：本堂は崖の上に突き出ている舞台で有名です。京都市の景色を楽しんでいただけます。目の前には文字どおり「安産の塔」を意味する子安の塔があります。「音羽の滝」は崖のふもとにあります。全部、後で立ち寄りますが。

T：息をのむような全景ですね。

G：「清水の舞台から飛び降りる気持ちで行動しなければならない」という有名な表現があります。

T：それは「一か八かの状態で危険を冒さなければならない」ということですか？

G：はい。「リスクを犯してでも行動に出よ」または「物事を固い決意でしなさい」、そして「また夢を実現させるためには危険を冒さなければならない」も意味します。

T：実際、私は景色を台無しにしたくないので飛び降りるのは嫌ですね。日本人のように長生きしたいです。

G：1882 年に飛び降り禁止令が出されました。そのときまで 234 人が飛び降りましたが、生存率は 85 パーセントでした。

T：日本の自殺率が高いとの記事を読んだことがあります。なぜですか？

G：難しい質問ですね。おそらく、昔、自殺は「ハラキリ」のように美化されていたのでしょう。自殺率は経済と大きく関係しているように思われます。1990 年代後半の経済危機の時代に自殺率は高くなりました。

T：自殺が伝染すると書かれた本を読んだことがあります。

G：科学的な結果が示していますが、それは後追い自殺の問題のように思います。さあ、暗い話題から、明るい話題にしましょうか。清水寺に 8 月 9 日から 16 日のいずれかにお参りしたら、千回お参りするのと同じお徳をいただけると言われています。

単語の小箱

☐ project 突き出る　☐ breathtaking 息をのむような
☐ jump off 飛び降りる　☐ in a sink or swim situation 一か八かの状態で
☐ take action 行動に出る　☐ take a risk 危険を冒す　☐ ruin ダメにする
☐ survival rate 生存率　☐ suicide rate 自殺率　☐ be glamorized 美化される
☐ contagious 伝染する　☐ copycat suicide 後追い自殺

清水寺

百体地蔵、阿弥陀堂、奥の院の裏手の濡れ手観音について

In front of the Hall of 100 Jizo

G：通訳ガイド　T：観光客

G: This is called the Hall of 100 Jizo, but actually, there are about 200 Jizo here.

T: I often see Jizo statues. Do Jizo have any particular significance?

G: They are popular folk deities. It's said that parents **are relieved** to find Jizo who resemble their dead children and so they pray for them. Parents pray to Jizo because they believe that Jizo will comfort the souls of their unborn babies or dead children in the **afterlife**.

T: Why do they wear **red bibs** or hats?

G: People often put red bibs or hats on the statues to express their **gratitude** for helping their **unborn babies** or dead children.

T: I have seen Jizo along many roads and streets, too. Why?

G: Because Jizo is also the **patron saint** of travelers, as well as being the patron saint of pregnant women.

Amida Hall

G: Amitaba, or Amida Nyorai, is enshrined in this hall. Honen, who was the founder of the Jodo sect, preached that you should **recite** "Namu Amida Butsu" in order to go to paradise.

T: What does "Namu Amida Butsu" mean?

G: Namu means **devotion** and Amida Butsu means "Amitaba". So it means devotion to Amitaba.

Behind Oku-no-in

G: This is a small Kannon Bodhisattva statue. Pour water gently over the statue, and you can purify yourself and your **wishes** will **be granted**.

T: I'll try.

百体地蔵の前で

G：これは百体地蔵のお堂と呼ばれていますが、約200体の地蔵があります。

T：よく地蔵を見かけますよ。地蔵は何か大切な意味を持つのですか？

G：地蔵とは人気のある民衆の仏様です。親は、死んでしまった子供たちに似た地蔵を見つけて安堵感を覚え、子供たちのために祈るのだとも言われです。生まれてこられなかった赤ちゃんや、死んでしまった子供の魂を地蔵があの世で安心させてくれると信じているので、お祈りするのです。

T：なぜ地蔵は赤いよだれかけをしたり、帽子をかぶったりしているのですか？

G：人々はお地蔵様が水子や死んでしまった子供を助けてくださっていることに対する感謝を表現するため、赤いよだれかけや帽子を着せるのです。

T：私は地蔵を道路や通りに沿ったところで見たことがあります。なぜですか？

G：地蔵は旅行者の守護神ですし、妊娠している女性の守護神でもあるからです。

阿弥陀堂にて

G：阿弥陀如来がこのお堂に祀られています。浄土宗の開祖の法然がここで、極楽に行くためには「南無阿弥陀仏」と念仏を唱えなさいと説法しました。

T：「南無阿弥陀仏」とは何ですか？

G：「南無」は「献身」を意味します。「阿弥陀仏」は Amitaba を意味します。ですから「阿弥陀仏に帰依します」を意味します。

奥の院の裏で

G：これは小さな観音菩薩ですよ。やさしく水をかけてください、そうすればあなた自身をお清めできてあなたの願いが叶うのです。

T：やってみます。

単語の小箱

- □ be relieved 安心する　□ afterlife あの世　□ red bibs 赤いよだれかけ
- □ gratitude 感謝　□ unborn babies 生まれることができなかった赤ん坊
- □ patron saint 守護神　□ recite 唱える　□ devotion 献身　□ wish 願い
- □ be granted 叶えられる

177

清水寺

奥の院からの本堂のながめ、その建築様式や、
音羽の滝の3つの流れについて

In front of Oku-no-in

G：通訳ガイド　T：観光客

G: Oku-no-in resembles the Main Hall with a projecting stage. This is dedicated to the eleven-faced thousand-armed Kannon who is attended by Bishamonten and Jizo Bodhisattva.

T: It's confusing. The view from here is excellent, too. That's a great view of the Main Hall! The roof is so gracefully curved.

G: Yes. The roof is thatched with Japanese cypress bark. This architecture is famous because the Kiyomizu Temple stage is **held up** by a large number of **Zelkova-tree pillars** without the use of nails. The night illuminations in cherry blossom season and autumn leaf-viewing season turn Kiyomizu Temple into a fantastic **wonderland**.

At Otowa Falls after taking pictures in front of Koyasu Pagoda

G: This waterfall is one of the ten most famous clean water streams in Japan.

T: And the name of the temple comes from this clean water.

G: You have a good memory! Let me explain some things about the waterfall. The water **is channeled into three streams** from this waterfall. There are said to be three interpretations for this. The first is that the streams symbolize devotion to Buddha, the law and the priests. The second is good health, academic achievement and finding a good match in marriage. The third is purification of your actions, your words, and your mind.

T: I see. Are we allowed to take this water back home?

G: Yes, the water from this fall is used for making coffee and tea or cooking rice. If you pray before drinking this water, it's said your wish will come true.

T: Is it OK to drink the water now?

G: Of course; this water is **free of any contamination**. Over there, the **ladles** are **sterilized** with **ultraviolet rays**.

奥の院の前で

G：奥の院は突き出た舞台のある本堂と似ています。毘沙門天と地蔵菩薩によって付き添われた十一面千手観音様がお祀りされています。

T：複雑ですね。ここからの見晴らしもいいです。ここから見る本堂は素晴らしいですね。屋根の曲線がきれいです。

G：はい。屋根は檜皮葺きです。この建築は、清水の舞台が多くのケヤキの木柱によって1本の釘も使わずに支えられていることで有名です。桜の季節ともみじの季節の夜のイルミネーションは、ファンタスティックなおとぎの国へと清水寺を変身させるのです。

子安の塔で写真撮影をした後、音羽の滝の前で

G：この滝は最も有名な日本の10の清流のうちの一つです。

T：お寺の名前はこのきれいな水に由来しているのですね。

G：よく覚えていらっしゃいますね。滝について説明させてください。水はこの滝から3筋に分かれています。3種類の解釈があると言われています。一つ目の解釈ではそれぞれの流れは仏、法、僧への帰依への流れです。二つ目の解釈は健康、学業、縁結びへの流れです。三つ目の解釈は行動、言葉、心の三業の清浄への流れです。

T：なるほど。水を家に持ち帰ってもいいんですか？

G：はい、この滝の水はコーヒーやお茶をたてるのにも使われますし、ご飯を炊くのにも使われます。この水を飲む前にお祈りしたらあなたの願いは叶うと言われています。

T：今、水を飲んでも大丈夫ですか？

G：もちろんです。この水はきれいですからね。むこうで、ひしゃくが紫外線で消毒されています。

単語の小箱

□ **held up** 支えられている　□ **Zelkova-tree pillars** ケヤキの木の柱
□ **wonderland** おとぎの国　□ **be channeled into three streams** 3つの流れに分かれる
□ **free of any contamination** 汚染されていない　□ **ladle** ひしゃく
□ **sterilized** 消毒された　□ **ultraviolet rays** 紫外線

179

6-11　清水寺

夕陽の美しい西門、産寧坂にまつわる
言い伝えや、瓢箪のお土産について

Looking back at the West Gate

G：通訳ガイド　T：観光客

G: Look at the West Gate. This is an eight-pillar construction style. The West is linked to the Paradise of the Pure Land. It is said that when you are dying, you should meditate upon the Buddhist paradise while admiring this sunset. This will help you to cross over peacefully into the other world.

T: I see. I've never seen such a beautiful sunset. By the way, is Kiyomizu Temple always so crowded?

G: Yes. About five million people visit this temple every year and it's called "the temple of the **common folk**."

On the way back

G: This slope is named "Sannenzaka". It means "Three-year slope" or "The slope of **easy birth**." If you go down this street, you will have an easy childbirth. Shall we go down a little bit?

T: Yes, let's. I'll be guaranteed of an easy childbirth by going down this slope, right?

G: That's right. Watch your step. It's also said that if you slip on the three-year slope, you'll have three years of bad luck.

T: But why? It seems like such a nice **stone paved road**! How can I get rid of the bad luck?

G: It teaches you that you can't ever be too careful in your everyday actions.

At a gourd shop

T: It's so light and small! I'll buy this one as a souvenir for my parents.

G: This miniature gourd is also excellent. You can keep it as a key holder. This gourd charm will keep you healthy. Inside it, there are five small gourds which will protect your liver, heart, **spleen**, lungs and kidneys.

西門を振り返って見ながら

G：西門をご覧になってください。八脚門です。西は西方浄土につながります。この世を去るときには、日没を崇めながら極楽を瞑想するとよいとされています。そうすると安らかにあの世にいけます。

T：なるほど。こんなきれいな日没を見るのは初めてです。ところで、清水寺はいつもこんなに混んでいるのですか？

G：はい。約500万人が毎年参拝しますので、「庶民のお寺」と呼ばれています。

帰り道で

G：この坂は産寧坂（三年坂）と名付けられています。それは「三年の坂」と「お産が楽になる坂」という意味です。この坂を下れば安産になるのですよ。少し降りましょう。

T：はい、降りましょう。この坂を下りることで安産が保証されるのですね？

G：そのとおりです。足元に気をつけてください。三年坂でつまずいたら3年間悪いことが起こると言われています。

T：しかし、なぜですか？ 素敵な石畳の道みたいですが。どのようにして悪運を祓えばよろしいのですか？

G：日常生活において、いくら注意しても注意しすぎることはないと教えてくれているのでしょう。

瓢箪のお店で

T：軽くって小さいですね！ これを両親へのお土産として買います。

G：このとても小さな瓢箪もまた素晴らしいですね。キーホルダーとしてお使いいただけますよ。この瓢箪のお守りを持てば健康でいられます。この中には5個の小さな瓢箪が入っていて、肝臓、心臓、ひ臓、肺、腎臓を守ってくれます。

単語の小箱

□ common folk 庶民　□ easy birth 安産
□ stone paved road 石畳の道　□ spleen ひ臓

6-12　清水寺

京都のシンボル・芸者、舞妓とのその違いについて

G：通訳ガイド　T：観光客

T: Look! Are they Geisha girls?
G: They're not real Geisha girls. You can have yourself made up like a traditional Geisha.
T: How much does it cost?
G: It costs about 5,000 yen. If you want to walk around Kyoto in full costume for one hour, you have to pay an additional 3,000 yen.
T: I wish I had enough time! I'd like to have a picture taken with them.
G: They'll be more than happy to have their pictures taken with us.

After taking pictures

T: Could you tell me the difference between a Maiko and a Geisha?
G: In order to become a Geisha, a Maiko has to go to a special institute for professional training in **the Gion amusement quarter** of Kyoto. They have to **undergo strict and intensive training**.
T: You mean Maikos are **apprentice** Geishas?
G: That's right. Geishas are professional hostesses who keep the guests happy and **enliven the atmosphere** at **lavish** Japanese-style parties.
T: How are Geishas called to Japanese-style parties?
G: They work for a kind of agency called "Okiya."
T: What's the difference between a bar hostess and a Geisha? Of course I know that a Geisha wears a kimono.
G: Geishas are also entertainers trained in the Japanese arts of dancing, singing, flower arrangement, tea ceremony, and playing music on the Shamisen, a **three-stringed musical instrument**.
T: I see.
G: Geishas are also trained in listening to their guests' problems **sympathetically**, and are regarded as beautiful flowers.

T：見て！ 彼女たちは芸者ですか？

G：本物の芸者ではありません。あなたも伝統的な芸者のお化粧をしてもらえますよ。

T：費用はいくらですか？

G：だいたい5千円くらいかかります。舞妓の衣装で1時間の京都散策を希望される場合は、追加料金を3千円を支払わなければなりません。

T：十分な時間があればねえ！ 彼女たちと写真を撮りたいです。

G：彼女たちは喜んで写真を撮らせてくれますよ。

写真撮影後

T：舞妓と芸者の違いについて説明してくださいませんか？

G：芸者になるためには、舞妓はプロの訓練を受けに祇園の歓楽街の特別な機関に通わなければなりません。厳しい集中研修を経験しなければならないのです。

T：つまり、舞妓さんは芸者の見習いなんですね。

G：そのとおりです。芸者はプロのホステスで客を楽しい気分にさせ、贅沢な日本式宴会の雰囲気を明るくするのです。

T：どうやって日本式の宴会に芸者が呼ばれるんですか？

G：彼女たちは「置屋」と呼ばれる代理店のようなところで働いています。

T：バーのホステスと芸者の違いは何ですか？ もちろん、芸者が着物姿で働くことは知っていますが。

G：芸者は日本の伝統的な踊り、歌、生花、茶道などの芸術と三味線（三弦の楽器）演奏の訓練を受けた、エンターテイナーでもあります。

T：なるほどね。

G：芸者はお客様の悩みごとに優しく耳を傾ける訓練も受けていますし、また美しい花とも見なされています。

単語の小箱

☐ Gion amusement quarter 祇園の歓楽街
☐ undergo strict and intensive training 厳しい集中訓練を受ける ☐ apprentice 見習い
☐ enliven the atmosphere 雰囲気を明るくする ☐ lavish 贅沢な ☐ three-stringed musical instrument 三弦の楽器 ☐ sympathetically 優しく

祇園祭

祇園祭について

At a coffee shop

G：通訳ガイド　T：観光客

G: After a cup of coffee, we'll head for Gion.

T: Talking of Gion, I've heard that the Gion Festival is a very popular and beautiful event. Could you tell me something about it?

G: OK. The Gion Festival is one of Japan's three main festivals.

T: What are the other two festivals?

G: They are the Kanda Festival in Tokyo and the Tenjin Festival in Osaka.

T: What are the three main festivals in Kyoto?

G: They are the Festival of Ages, the Aoi Festival and the Gion Festival. Well, let me tell you about the origins of the Gion Festival. The Gion Festival is a festival of the Yasaka Shrine. In 869, people were suffering from a plague. Emperor Seiwa ordered the people to pray to the deity of Yasaka Shrine. The Gion Festival started as a prayer to the deity of Yasaka Shrine for the end of the plague.

T: When is this festival held?

G: It's held throughout the month of July and is crowned by a parade on July 17th. Look at this picture.

T: Wow! It's so beautiful and gorgeous!

G: The parade of 30 beautifully decorated floats is the highlight of this festival.

T: They sing, dance and play traditional musical instruments, right?

G: Yes. The streets are very busy the night before the parade, and they are lined with "night stalls". Many women in "Yukata", light cotton *kimono*, walk around the area carrying with them paper fans called "Uchiwa".

T: They're so pretty. The next time I come to Japan I'd like to see this festival.

喫茶店にて

G：コーヒーを飲んだら、祇園に向かいますね。

T：祇園と言えば祇園祭は人気があって美しいと聞いたことがあります。祇園祭りについて話してくださいませんか？

G：はい。祇園祭は日本三大祭りの一つです。

T：他の二つのお祭りは何ですか？

G：東京の神田祭と大阪の天神祭です。

T：京都の三大祭りとは何ですか？

G：時代祭、葵祭と祇園祭です。では、祇園祭についてお話させてください。祇園祭は八坂神社のお祭りです。869年、人々は疫病で苦しみました。清和天皇は八坂神社の神様にお祈りするようにと命じました。祇園祭は八坂神社に疫病がなくなりますようにと祈ったことから始まったのです。

T：お祭りはいつ開催されるのですか？

G：これは7月いっぱい行われ、7月17日の行列が最高潮です。この写真を見てください。

T：すごいです！ なんて美しく豪華なのでしょう！

G：約30の美しく飾られた山鉾巡業がこのお祭りのハイライトです。

T：唄ったり、踊ったり、伝統的な楽器を演奏しているのですね？

G：はい。通りはパレードの前日とても混雑していて、多くの「夜店」が並びます。浴衣姿の多くの女性が「うちわ」と呼ばれる紙の扇を持って歩きます。

T：かわいらしいですね。次に日本に来るときはこのお祭りを見たいです。

単語の小箱

□ head for... …へ向かう　□ plague 疫病

185

瞬間英作文

1. 幸運にも延鎮という名の僧侶が音羽山のふもとで滝を見つけました。

2. 坂上田村麻呂は東北で反乱を鎮定した後に 798 年に観音菩薩のためのお寺を建立しました。

3. この地域は清水焼で有名で、清水焼とは上薬を塗った白い半透明の磁器です。

4. 買う前に賞味期限をチェックすることが重要です。

5. 午前零時きっかりに、私たちは「あけましておめでとうございます」と言います。

6. フクロウは仏教の守護鳥で夜にお寺を明るくすることができます。

7. 本像は 33 年に一度一般公開されます。

8. 観音菩薩は 33 の形に変化し困っている人を助けます。

9. 清水寺は観音西国三十三箇所の 16 番目に巡礼するお寺です。

10. 日本は世界で一番平均寿命が高いです。

11. 私たちは国民健康保険のお陰で優れた医療が受けられます。

---

1. at the foot of ... …のふもとで　　2. put down a rebellion 反乱を鎮定する
3. glazed 上薬を塗った　　4. eat-by date 賞味期限
5. at the stroke of ... …の始まりと共に（きっかりに）
6. guardian bird 守護鳥　　7. be displayed to the public 一般公開される
8. transform *oneself* into ... …に（自ら）変化する
9. The 33 Kannon pilgrimage temples in western Japan 観音西国三十三箇所
10. life expectancy 平均寿命　　11. national health insurance system 国民健康保険

解答例

1. Luckily, a priest called Enchin found a waterfall **at the foot of** Mt. Otowa.

2. Sakanoue Tamuramaro built a temple for Kannon Bodhisattva in 798 after **putting down a rebellion** in the northeast.

3. This area is famous for Kiyomizu-yaki which is **glazed** porcelain with a white translucent body.

4. It is important to check the **eat-by date** before you buy it.

5. **At the stroke of** midnight, we say "Happy New Year!"

6. The owl is the **guardian bird** of Buddhism and can illuminate the temple at night.

7. The main image **is displayed to the public** once every 33 years.

8. Kannon Bodhisattva **transforms itself into** 33 different forms to help people in trouble.

9. Kiyomizu Temple is the 16th pilgrimage temple of **the 33 Kannon pilgrimage temples in western Japan**.

10. Japan enjoys the highest **life expectancy** in the world.

11. We get good medical treatment thanks to the **national health insurance system**.

瞬間英作文

12. 清水寺の阿弥陀堂で、浄土宗の創始者の法然は「南無阿弥陀仏」を唱えるようにと説法しました。

13. 本堂の屋根は檜皮葺きです。

14. 清水の舞台は多くのケヤキの木柱によって1本の釘も使わずに支えられています。

15. 水はこの滝から3筋に流れています。

16. ひしゃくが紫外線で消毒されています。

17. 清水寺は庶民の寺と呼ばれています。

18. 清水寺は2008年6月に大修復工事を始め、2021年2月に終了しました。

19. 総費用は39億1千万円でした。

20.「三年坂」を下れば、安産になるでしょう。

21. この石畳の道を下りましょうか？

22. 舞妓は芸者の見習いなので、厳しい集中訓練を受けなければなりません。

23. 芸者は日本の伝統的な踊り、歌、生け花、茶道などの芸術と三味線演奏の訓練を受けたエンターテイナーでもあります。

---

12. preach 説法する　　13. be thatched with Japanese cypress bark 檜皮葺きである
14. Zelkova-tree pillar ケヤキの木柱　　15. be channeled into ... …に流れている
16. be sterilized with ultraviolet rays 紫外線で消毒されている
17. common folk 庶民　　18. major restoration work 大改修工事　　19. total cost 総費用
20. easy birth 安産　　21. stone paved road 石畳の道　　22. apprentice 見習い
23. a three-stringed musical instrument 三味線

瞬間英作文 ❖ 清水寺

解 答 例

12. In the Amida Hall at Kiyomizu Temple, the founder of the Jodo sect, Honen, **preached** the recitation of the "Namu Amida Butsu."

13. The roof of the Main Hall **is thatched with Japanese cypress bark**.

14. The Kiyomizu Temple stage is supported by a large number of **Zelkova-tree pillars** without the use of nails.

15. The water **is channeled into** three streams from this waterfall.

16. The ladles **are sterilized with ultraviolet rays**.

17. Kiyomizu Temple is called "the temple of the **common folk**."

18. Kiyomizu Temple began **major restoration work** in June 2008 which was completed in February 2021.

19. The **total cost** was 3.91 billion yen.

20. If you go down this street named "Sannenzaka", you will have an **easy birth**.

21. Shall we go down this **stone paved road**?

22. As Maikos are **apprentice** Geishas, they have to undergo strict and intensive training.

23. Geisha are also entertainers trained in the Japanese arts of dancing and singing, flower arrangement, tea ceremony and playing music on the Shamisen, **a three-stringed musical instrument**.

玉虫の宝庫

1 清水参拝で多くのお徳をいただこう

- ❶馬駐　　　観音様を拝みに行く前に貴族や武士が馬をつないだ場所です。
- ❷仁王門　　仁王は Diamond Warriors とも呼ばれ仁王門を守っています。
- ❸三重塔　　1632 年に創建された最大級の三重塔で、大日如来像があります。東南角の龍が清水を火事から守ると言われています。
- ❹鐘楼　　　1607 年再建。鐘は 1478 年の物です。
- ❺随求堂　　1728 年再建。衆生の願いをすべて叶えてくれる随求菩薩を祀っています。暗闇を数珠の綱に沿って歩き一筋の光を感じることができます。
- ❻経堂　　　経典が納められています。また釈迦三尊像が安置されています。
- ❼開山堂　　1631 から 1633 年に再建されました。坂上田村麻呂、行叡、延鎮像が納められています。
- ❽手水鉢　　鉢の底の四隅のモチーフからフクロウの手水鉢と呼ばれます。
- ❾轟門　　　1633 年再建。門の両側には持国天像と広目天像があります。
- ❿朝倉堂　　1633 年創建。千手観音三像を祀っています。
- ⓫仏足石　　朝倉堂の東側にあり、睨めば罪が消えると言われています。
- ⓬弁慶の下駄　豪傑の僧侶が履いたと伝えられています。
- ⓭本堂　　　1633 年再建。本尊千手観音と地蔵菩薩と毘沙門天を祀っています。ケヤキの大木を使い釘を使わずに建てられた清水の舞台が有名です。
- ⓮釈迦堂　　1631 年再建。釈迦如来、普賢菩薩、文殊菩薩を祀っています。
- ⓯百体地蔵堂　子供を亡くした親たちの崇拝が厚いようです。
- ⓰阿弥陀堂　阿弥陀如来を祀っており、法然が日本最初の常行念仏を施しました。
- ⓱ぬれて観音　奥の院の裏側にあり、水をかけると願いが叶うとされています。
- ⓲奥の院　　毘沙門天と地蔵菩薩に付き添われた千手観音が祀られています。
- ⓳音羽の滝　清水寺の名前の発祥の地。ひしゃくが紫外線で消毒されています。
- ⓴子安の塔　三重塔で、安産祈願できます。
- ㉑西門　　　八脚門で西方浄土に例えられます。

2 通訳ガイドからのアドバイス

アドバイス1

お客様に応じて説明をもっと簡単にすることも必要！

時間がない場合や歴史に興味の薄いお客様の場合、Sakanoue Tamuramaro, a military commander, came across a priest called Enchin. Enchin taught him about the religious virtues of Kannon Bodhisattva and Tamuramaro was so impressed that he built a temple for Kannon in 794.（武将・坂上田村麻呂は延鎮上人に出会いました。延鎮上人は観音菩薩のお徳を田村麻呂に教え、感化された田村麻呂は794年にお寺を建立しました）くらいでOKです。臨機応変に対応しましょう。

アドバイス2

バス団体ツアーの場合は迷子が出やすいので注意！お土産は帰りに

このダイアローグは個人観光客ですが、団体観光客の場合は駐車場で、Here we are at the parking lot for Kiyomizu Temple. From here we have to walk up to the temple. There are lots of stores selling souvenirs, but we should visit the temple first, so please follow me. On our way back you can spend some time shopping before we get on the bus.（清水寺の駐車場に到着しました。ここからお寺までは、歩かなければなりません。お土産物を販売するたくさんのお店がありますが、まずはお寺に参拝するべきなので私の後をついてきてください。帰り道でバスに乗る前に、お土産物を購入する時間がございます）と、先に伝えましょう。

アドバイス3

馬駐と狛犬の説明が必要なら以下のように！

① 馬駐：This building was used for tying up and sheltering horses while the owners of the horses climbed up the hill to worship Kannon.（この建物は馬の飼い主が観音様に拝みに行くために馬をつないで置いていくのに使われました）。しかし、詳細を知っても感激する観光客が少ないのも事実です。

② 狛犬：普通は「あ・うん」のはずの狛犬が、清水寺では両方「あ」だけを発しています。笑っているようでおめでたい気分になれるかもしれません。中には狛犬のことをすでに知っている外国人もいるので、そんなときには "They may be out of breath." とジョーク交じりで説明しましょう！

アドバイス4

食べ物のお土産を買う場合は、滞在期間を聞いて賞味期限をチェック！

"How long are you going to stay in Japan? I'll check the eat-by date before you buy it." （日本にはどれくらいの期間滞在しますか？購入する前に賞味期限を確かめましょう）と言って確認してあげましょう。

アドバイス5

特別な日の過ごし方や、歌などから共通点を見つけ出す！

イギリスでは大晦日に "Auld Lang Syne"、日本では「蛍の光」とタイトルがついている歌を歌うのですね。日本では卒業式に歌ったりもするので、文化の比較をして興味を引きながらガイドしましょう。

アドバイス6

文化だけでなく日本の社会事象を話せるように！

お遍路さんから少子化の問題、清水の舞台から平均寿命、日本の自殺率と話を広げています。臨機応変に日本社会について語り、現代日本に興味をもってもらいましょう。

アドバイス7

舞妓さんと写真を撮る！

外国人観光客は着物姿の女性に憧れています。舞妓姿の人を見かけたら、一緒に写真を撮ってくれるようにお願いしてみましょう。

アドバイス8

観光客が舞妓変身を希望したら、暑い夏場はスタジオで！

舞妓変身を喜ばれるお客様が最近多いです。しかし、気候と相談し、暑い夏場は舞妓姿で出歩くのは控えてスタジオの写真撮影だけにしましょう。その方が安いことも必ず説明しましょう。

3 通訳ガイド体験日記

●除夜の鐘は大晦日に突かれる？

簡潔な説明では、On New Year's Eve, the bell is rung 108 times. でよいです。除夜の鐘には、人間が持つ108の煩悩を消し、幸せな年を迎える願いが込められていることを伝えるのが大切ですね。一度、南アフリカ共和国のジャーナリストと一緒に大晦日からお正月を過ごし、除夜の鐘の時間帯について聞かれました。Traditionally, the bell is rung 107 times on New Year's Eve, and the last bell is rung in the New Year.（伝統的には、大晦日のうちに107回の除夜の鐘が突かれ、新しい年になってから最後の1回を突きます）と言われています。何時から何時までとは決められていませんが、People begin to ring 108 chimes at around 11:30 p.m. on New Year's Eve and finish around 1 a.m. on New Year's Day.（大晦日の11時半くらいから新年の1時くらいまで突く）お寺が多いです。除

夜の鐘を鳴らしたい一般参加者が多いので、200の鐘を突くお寺もあるそうです。

4 ガイド英語 Q&A

質問 1

① Kiyomizu Temple was burned down many times.
② Kiyomizu Temple burned down many times.
この2つの文はどのように違いますか？

はい、お答えします

'be burned down' は 誰かが故意に破壊したことを意味します。'burn down' は、事故で焼け落ちたことを意味します。

質問 2

仁王門の前で He's mouthing the sound "Ah." となっていますが He's uttering the sound "Ah." の方が良いのではないでしょうか？

はい、お答えします

Utter は実際に音を出すことなので、mouth のほうがいいと思います。仁王はあたかも音を発する口の形をしていますが、実際、音には出していないですからね。

質問 3

This bigger iron staff weighs 90 kilograms.（この大きな鉄の杖は90キログラムです）と、弁慶の鉄杖のことを wand ではなく staff と表現しているのはなぜですか？

はい、お答えします

wand はおとぎ話などに使われ、不思議な力を持つ杖を意味します。staff は歩行用の杖のことですから、こちらの方が適切ですね。

質問 4

Someone must have made up this story. と書かれていますが、made up の代わりに fabricated を使ってもいいですか？

はい、お答えします

どちらも同じ意味ですので OK です。fabricate の方がややフォーマルな英語です。

193

質問 5

a regulation was issued which banned jumping より a regulation which banned jumping was issued のほうが自然ではありませんか？

はい、お答えします

主語と動詞の間が離れすぎています。英語を母語とする人なら前者を使うでしょう。スタイルと感覚の問題ですが、大切なことです。

5 日本事象をチェック！

☐ 3. 仁王　☐ 3. 除夜の鐘　☐ 5. フクロウ　☐ 7. お遍路　☐ 7. 日本人の平均寿命
☐ 7. 日本人が長生きする理由　☐ 8. 自殺率　☐ 9. 地蔵　☐ 11. 瓢箪　☐ 12. 舞妓
☐ 12. 芸者

Chapter 7

地主神社

地主神社は縁結びの神様が祀られています。幸せのドラを鳴らしたり、恋占いの石で占いをしたり、観光客に積極的に参加してもらって楽しめる神社です。日本の恋愛や結婚などの文化に関しても、ここで学んで話せるようになりましょう。

7-1 地主神社

大国主神様や神社にお供えされているお餅とみかんについて

G：通訳ガイド T：観光客

G: Jishu Shrine is famous for matchmaking. Many people come to pray for good matches.
T: Why is there a shrine inside a temple compound?
G: Because Buddhism and Shintoism have lived in harmony for centuries.

In front of Harae-do

G: You can also purify yourself here. If you have any problems, please write them on this piece of paper in the shape of a doll and put it into the water nearby. When the paper **dissolves** in the water, your troubles will be **cleared up**.

After praying at the shrine

T: Why are **rice cakes** with an orange on top offered at the shrines?
G: The deities like rice cakes and rice cakes are considered sacred.
T: Why are the rice cakes round?
G: Mirrors, swords, and jewels have been considered to be three treasures since ancient times. Mirrors were believed to be magical objects that have spiritual power, so the rice cake is in the shape of a mirror. The Japanese word for mirror is "*Kagami*", so this rice cake is called "*Kagami-mochi.*"
T: Why is there an orange on the top of rice cakes? Can't we put an apple there?
G: This orange is called a "*Daidai*". Since the Japanese word "*Daidai*" also means "from generation to generation," it has a good **connotation**. Why do you want to put an apple there?
T: Apples and apple blossoms are natural symbols of love, beauty, happiness and immortality.
G: That's why some companies are called "Apple something or other." The word "apple" reminds me of an American computer company's name.

G：地主神社は縁結びで有名です。良縁を求めて多くの人が訪れます。

T：なぜ神社がお寺の境内にあるのですか？

G：仏教と神道は何世紀にもわたって共存しているのですよ。

鳥居をくぐり、手を洗い、はらえ戸の前で

G：あなたはここであなた自身のお清めもできます。困っていることがあれば、人の形をしたこの紙に書いて、そばにある水につけてください。紙が水に溶けると、あなたの悩みは消え去るのです。

神社でお祈りした後で

T：なぜ、みかんが上に置かれたお餅が神社にお供えされているのですか？

G：神様はお餅が好きですし、お餅は神聖なものと見なされています。

T：なぜ、お餅は丸いのですか？

G：鏡、刀と玉が古代から三種の神器と見なされています。鏡は霊威がある不思議な物だと考えられているので、お餅は鏡の形をしているのです。ミラーは日本語で「鏡」です。だからこのお餅は「鏡餅」と呼ばれています。

T：なぜ、みかんがお餅の上に乗せられているんですか？　りんごを置くことはできないんですか？

G：このみかんは「ダイダイ」と呼ばれています。日本語の「だいだい（代々）」は「世代から世代へ」を意味するので、良い含みを持っているのです。あなたはりんごを置きたいのですか？

T：はい。りんごとりんごの花は、愛、美、幸福、不滅を表す自然のシンボルです。

G：だから「Apple 何々」と名づけられている会社があるのですね。「Apple」と言えばアメリカのコンピュータ会社の名前を思い出しました。

単語の小箱

□ dissolve 溶ける　□ clear up 解決する　□ rice cake お餅
□ connotation 含み

199

7-2 地主神社

恋占いの石、日本のお見合い、恋の絵馬について

G：通訳ガイド　T：観光客

T: Who's this man with a rabbit?

G: He's Okuninushi-no-mikoto, Shinto deity of love and good matches. He is famous for his kindness, having helped the rabbit in trouble beside him. The rabbit works for him as his messenger.

T: When was this shrine built?

G: Actually, we don't know for sure. The Main Hall is said to have been built in 701. Recent studies by an **atomic physicist** show that the "Love-fortune-telling stones" are 10,000 years old.

In front of the "Love-fortune-telling stones"

G: Look at these two stones. They're called "Love-fortune-telling stones." The distance between the two stones is 18 meters. If you walk with your eyes closed from one rock to the other, you will find true love.

T: I don't like walking with my eyes closed. Please give me a hand.

G: That means that you need your friend's advice, a **go-between**, to make your romantic wishes come true. Do you know anything about "*Omiai*"?

T: No, I don't. Can you explain "*Omiai*"?

G: This is an arranged meeting with a **prospective marriage partner**. This meeting is arranged by a go-between.

T: Is this a common practice in Japan? What kind of person is the go-between?

G: A go-between is usually a mature person of good **social standing**.

T: How do things progress towards marriage?

G: A couple may date several times in order to **make up their minds** whether or not to get married.

In front of Ema (votive picture tablets)

G: You can see Okuninushi-no-mikoto and a rabbit printed on them. Each tablet acts as a letter to the matchmaking god asking for one's wishes to be granted.

T：このウサギと一緒にいるのはどなたですか？

G：大国主命で、神道の恋愛と良縁の神様です。心優しく、困っているウサギを助けたことで有名です。ウサギは彼のメッセンジャーの役割を果たします。

T：この神社はいつ建てられたんですか？

G：実ははっきりしないんですよ。本殿は701年に建てられたと言われていますが。原子物理学者の最近の調査では「恋占いの石」は1万年前のものだと実証されました。

恋占いの石の前で

G：2つの石を見てください。これは「恋占いの石」と呼ばれています。2つの石の距離は18メートルです。目を閉じて一つの石からもう一方の石に歩ければ恋は叶います。

T：目を閉じたまま歩くのは好きではありません。手を貸してください。

G：このことは恋愛を成就させるには、友達のアドバイス、お仲人さんが必要であることを意味します。あなたは何か「お見合い」について知っていますか？

T：わかりません。「お見合い」を説明してください。

G：結婚する可能性のある相手との設定された出会いを意味します。これは仲人によってお膳だてをされます。

T：日本では一般的な慣習なんですか？　仲人はどんなタイプの人ですか？

G：仲人とは通常、社会的地位の高い熟年の人です。

T：どのように結婚へと進むのですか？

G：カップルは結婚するかどうか決めるために何回かデートすることができます。

絵馬（奉納された板）の前で

G：大国主命とウサギが印刷されているのがご覧になれます。それぞれの板は願いが叶うようにと、縁結びの神様への手紙の役割を果たしています。

単語の小箱

☐ atomic physicist　原子物理学者　　☐ go-between　仲人
☐ prospective marriage partner　結婚する可能性のある相手
☐ social standing　社会的地位　　☐ make up *one's* mind　決める

7-3 地主神社

幸せのドラ、撫で大国、水かけ地蔵、
おかげ明神について

In front of the "Happy Gong"

G：通訳ガイド　T：観光客

G: If you hit this gong, the gong's sound will **be conveyed to the gods**, and you'll find a good match.

T: That looks like fun.

In front of Nade-Daikoku

G: If you **pat** this bronze statue of Daikoku, your dream will come true. You can pray for a **good match**, success in business, success in exams, an **easy childbirth**, **safety of the family**, etc.

T: I'll pray for success in business.

G: In that case, pat the lucky bag Daikoku is carrying over his shoulder.

T: What if I want to ward off evil spirits?

G: Pat the **mallet** which Daikoku is holding. Pat the mallet for good fortune, too. If you want to pass an exam, pat his head.

In front of Mizukake Jizo

G: Pour some water over Jizo and your wish will be granted. There are four ladles here. Each ladle has its own function. I'll read what's written in Chinese characters on each ladle. Going from right to left: "Success in examinations," "A good match," "Good fortune," and "Warding off evil spirits."

T: I'll pour some water over Jizo with the "Good fortune" ladle. By the way, how many Chinese characters do the Japanese use?

G: As many as 3,000 characters are commonly used in Japan.

In front of Okage Myojin

G: Okage Myojin is a god who will answer any prayer, whatever it is. He is said to be the guardian deity of women.

幸せのドラの前で

G：このドラを叩いたら、ドラの音が神様に伝わり、良縁来たり、ですよ。

T：面白そうですね。

撫で大国様の前で

G：このブロンズの大国様を撫でたら、あなたの夢が叶いますよ。良縁、ビジネスの成功、試験合格、安産、家内安全などを祈願できますよ。

T：ビジネスの成功をお祈りします。

G：それなら、大国様が肩に担いでいる福袋を撫でてください。

T：厄除けをするにはどうしたらよいですか？

G：大国様が持っている小槌を撫でてください。開運を願うときも小槌を撫でてください。試験に合格したければ頭を撫でてください。

水かけ地蔵の前で

G：お地蔵様に水をかけてください。そうすればあなたの願いは叶います。4本のひしゃくがここに置かれています。それぞれのひしゃくは役割を持っています。各ひしゃくに書かれている漢字を読みますね。右から、「試験合格」、「良縁」、「開運」、「厄払い」です。

T：「開運」用のひしゃくで地蔵に水をかけますね。ところで日本人はどれくらいの数の漢字を使用しますか？

G：3000もの常用漢字があります。

おかげ明神の前で

G：これはどんなことでもお願いを聞いてくれる神様です。女性の守護神だと言われています。

単語の小箱

□ be conveyed to the gods 神に伝わる　□ pat 撫でる　□ good match 良縁
□ easy childbirth 安産　□ safety of the family 家内安全　□ mallet 小槌

203

7-4 　地主神社

呪い杉と、日本の修学旅行、教育制度、塾、予備校について

At the Japanese cedar tree called "Noroi-Sugi"

G：通訳ガイド　T：観光客

- **G**: It's said that some ladies would **nail a straw doll** to the cedar tree to **put a curse on** their enemies. You can see a lot of **nail marks** on this tree.
- **T**: That's scary. So this is a tree for breaking off relationships, even though the purpose of this shrine is good matchmaking.
- **G**: Mmm. I think it's scary, too, but curses are a thing of the past.
- **T**: I'm relieved to hear that. By the way, why are there students in uniform here? They look excited.
- **G**: They're high school students on their "*Shugaku-ryoko*".
- **T**: What's a "*Shugaku-ryoko*"?
- **G**: It's a school excursion to places of historical interest or **scenic places**. They have these trips three times.
- **T**: Three times? When?
- **G**: Once in elementary school, once in junior high school, and once in senior high school.
- **T**: You mean, while they are in **compulsory education**?
- **G**: No, in Japan, high schools are not included in the compulsory education system.
- **T**: Could you tell me about Japan's education system?
- **G**: Japan has had a 6-3-3-4 education system since the end of World War II. Elementary school and junior high school are compulsory. In order to enter most high schools, junior colleges, or universities, students have to take entrance exams, so they go to "*Juku*" or "*Yobiko*."
- **T**: What's a *Juku*?
- **G**: A *Juku* is a **cram school**. In addition to their regular schoolwork, they go to cram school to prepare for their exams.

おかげ明神の後ろの「呪い杉」の前で

G：杉にわら人形を釘で貼り付け、敵に呪いをかけた女性がいたと言われています。この木に多くの釘跡が見られるでしょう。

T：怖いです。この神社の目的は縁結び（良縁を組む事）ですが、この木は関係を絶つためのものですね。

G：そうですね。私も怖いと思いますが、呪いは過去のことです。

T：それを聞いてホッとしました。ところで、なぜ、制服姿の学生たちはここにいるのですか？　うきうきしているみたいです。

G：彼らは修学旅行の高校生たちです。

T：修学旅行とは何ですか？

G：学校主催の史跡や景勝地への旅行です。彼らは3回、修学旅行があります。

T：3回ですか？　いつですか？

G：小学校、中学校、高校でそれぞれ1回ずつです。

T：つまり、義務教育の期間中ですか？

G：いいえ、日本では高校は義務教育に含まれません。

T：日本の教育制度について教えてください。

G：日本は第二次世界大戦後から、6-3-3-4の教育制度の形をとっています。小学校と中学校は義務教育です。たいていの高校、短大、大学に入るためには入学試験を受ける必要がありますので、彼らは「塾」や「予備校」に通うのです。

T：塾とは何ですか？

G：塾は詰め込み学校です。通常の学業に加えてテストの準備勉強をするために、学生たちは塾に行きます。

単 語 の 小 箱

- □ nail a straw doll わら人形を釘で打つ　□ put a curse on ... …に呪いをかける
- □ nail mark 釘跡　□ scenic place 景勝地　□ compulsory education 義務教育
- □ cram school 塾

205

7-5　地主神社

掲示板にあるお札やお守りについて

G：通訳ガイド　T：観光客

T: What's a *Yobiko*?
G: *Yobiko* literally means a preparatory school. Students who fail to pass the entrance exams to universities go to *Yobiko* to prepare for their next entrance examinations.
T: Is it difficult to get into a university?
G: It's still difficult, but because of the **declining birth rate**, it's easier than it was 10 years ago.
T: What's the **average number of children per couple**?
G: About 1.4. Let's pray at this shrine for an increase in the number of children. The number of **taxpayers** is going to decrease. On the other hand, the number of senior citizens **living on pensions** will increase. Who's going to support these **senior citizens**?
T: It's a real social problem.

In front of a bulletin board

T: What are those white pieces of paper with people's names written on them? There are a lot of foreign names on the board.
G: After getting married, couples come from far away to visit this shrine again to offer their thanks.
T: That's great! By the way, what are those school children buying?
G: They're buying charms; probably a pair of matchmaking charms. (Taking out a charm) This is for you. It's a charm for traffic safety. Your hobby is driving, so that's why I chose it for you.
T: Thank you very much. Where should I keep it?
G: You can carry it in your wallet. A good luck charm can be kept in the home or hung in your car, too.

T：予備校とは何ですか？

G：予備校とは、文字どおりには準備するための学校を意味します。大学の入学試験に不合格になった人が、次の入学試験の準備をするために行くところです。

T：大学に入学するのは難しいですか？

G：今でも難しいですが、出生率低下のために、10年前よりは簡単です。

T：夫婦一組の平均的な子供の数は何人ですか？

G：大体1.4人です。この神社では、子供の数が増えますようにとお祈りしましょう。納税者は減少するでしょう。一方では年金生活をする高齢者の数は増加します。誰が高齢者を養うのでしょうか？

T：これはまさに社会問題ですね。

掲示板の前で

T：人の名前の書かれた白い紙は何ですか？ 多くの外国人の名前も掲示板に書かれています。

G：カップルたちは結婚してから遠路はるばるお礼を言うために、再びこの神社に参拝するのです。

T：すごいですね！ ところで学生たちは何を買っているのですか？

G：彼らはお守りを購入しているのです。おそらくペアの良縁を祈願するお守りです。（お守りを取り出して）これはあなたへのプレゼントです。これは交通安全のお守りです。あなたの趣味はドライブだそうなので私はこれを選びました。

T：ありがとうございます。どこにしまっておけばよいですか？

G：財布に入れて持ち歩けばよいですよ。開運のお守りは家に置いても車に吊るしておいても大丈夫ですよ。

単語の小箱

- □ declining birth rate 出生率の低下
- □ average number of children per couple 夫婦あたりの平均的な子供の数
- □ taxpayer 納税者　□ live on a pension 年金生活をする
- □ senior citizen 高齢者

瞬間英作文

1. みかんが上に置かれたお餅が神社にお供えされているのは、神様がお餅を好きで、お餅が神聖なものと見なされているからです。

2. 鏡、刀と玉が古代から三種の神器と見なされています。

3. 「お見合い」は仲人によって結婚する可能性のある相手との設定された出会いですが、お見合いの件数は減少しています。

4. 厄除けをするいくつかの方法があります。

5. 敵に呪いをかけるために、わら人形を杉の木に釘で打ち付けました。

6. この杉の木に多くの釘跡があるのが見られます。

7. 高校は義務教育システムに含まれるべきだと言う人もいます。

8. 少子化のために 10 年前よりは大学に入りやすいです。

9. 夫婦一組についての子供の平均的な数は 1.4 人です。

10. 年金生活をする高齢者の増加にどのように対処すればいいでしょうか？

---

1. rice cake お餅　　2. ancient times 古代
3. prospective marriage partner 結婚する可能性のある相手
4. ward off evil spirits 厄除けをする　　5. put a curse on... …に呪いをかける
6. nail mark 釘跡　　7. compulsory education 義務教育　　8. declining birth rate 少子化
9. average number of children per couple 夫婦一組についての子供の平均的な数
10. live on a pension 年金生活をする

解答例

1. **Rice cakes** with an orange on top are offered at shrines, because the gods like rice cakes and rice cakes are considered sacred.

2. Mirrors, swords, and jewels have been considered to be three treasures since **ancient times**.

3. An "*Omiai*" is a meeting with a **prospective marriage partner** arranged by a go-between, but the number of "*Omiai*" has been decreasing.

4. There are several ways to **ward off evil spirits**.

5. They nailed a straw doll to the cedar tree to **put a curse on** their enemies.

6. You can see a lot of **nail marks** on this cedar tree.

7. Some people say that high school should be included in **compulsory education**.

8. Because of the **declining birth rate**, getting into a university is easier than it was 10 years ago.

9. The **average number of children per couple** is 1.4.

10. How should we deal with the increasing number of senior citizens **living on pensions**?

玉虫の宝庫

1. 一万年前の恋占いの石に良縁祈願！

- ❶ 鳥居　　　　真ん中を通らないように注意します。
- ❷ 祓え戸　　　沈んだ気持ちを祓い清めます。
- ❸ 拝殿　　　　まずここで参拝します。
- ❹ 大国主命　　メッセンジャーのウサギにも挨拶し、良縁を授かります。
- ❺ 恋占いの石　2つの石の間を目を閉じて歩ければ、恋愛が成就します。
- ❻ 幸せのドラ　大きな音を鳴らし、神様に願いを伝えましょう。
- ❼ 撫で大黒　　撫でる箇所によってさまざまな利益がいただけます。
- ❽ 水かけ地蔵　水をかけて祈願するとご利益があります。
- ❾ おかげ明神　叶えて欲しい願いを一つだけ祈願しましょう。
- ❿ 呪い杉　　　丑の刻まいりのわら人形の釘跡を見ることができます。

2. 通訳ガイドからのアドバイス

アドバイス 1
神社の参拝所の鈴は悪霊を退散させる！
参拝所に鈴があれば、お賽銭を投げてから鈴を鳴らします。神社でのお祈りの方法は平安神宮の章で説明しています。平安神宮には鈴がありませんが、地主神社には鈴があります。It is said that the sound of the bell will dispel evil.（鈴は悪霊を退散させる音を出すと言われています）と、説明を加えましょう。

アドバイス 2
観光客の話からネタを得よう！日本のダイダイは西洋社会のりんご？
お餅の上のみかん、つまり、ダイダイと西洋社会のりんごを比較する話が登場しています。このようなお話はメモしておき、話題として拝借しましょう。

アドバイス 3
観光客に体験して楽しんでもらう！
恋占いの石からお見合い（arranged meeting with a prospective marriage partner）の話に発展させています。日本文化について、わかりやすく説明しましょう。

アドバイス 4
日本の教育制度や子供の数などはどこでも話題になる！
地主神社は学生が多いので修学旅行（school excursion to places of historical interest）や義務教育制度（compulsory education system）、一所帯あたりの子供

の数（average number of children per couple）は 1.4 人であることなども話せる
ようになりましょう。また Japan enjoys the highest literacy rate in the world.（日
本の識字率は世界一です）と語るのもよいでしょう。

3 通訳ガイド体験日記

●七夕が説明できなかった！
地主神社では七夕祭をお祝いするのですが、七夕祭について聞かれてうまく答
えられなかった思い出があります。

Tanabata is the Star Festival. It is held on July 7 to celebrate the yearly meeting of
the two lovers, Kengyu, the cowherd, and Shokujo, the weaver maid. They are
separated by the Milky Way for the rest of the year. We celebrate Tanabata by
decorating bamboo branches with colorful poem tablets and ornaments. People
write wishes on the tablets so that their wishes will be granted.（七夕は星祭り
のことです。7 月 7 日に年に 1 回の 2 人の恋人・牽牛と織女の出会いを祝うた
めに行われます。彼らはその日以外は天の川で分かたれています。私たちは竹
の枝を色とりどりの短冊や飾りをつけ七夕を祝います。人々は願いが叶うよう
にと短冊に願い事を書きます）のように説明しています。

4 ガイド英語 Q&A

質問

アメリカでは「Apple 何々」と名付けられている会社があるように、りんごは良
い意味を持っているのですね。ほかにも例を教えてください。

はい、お答えします

次に挙げるのは apple のイディオムです。
① the apple of *one's* eye（目にいれても痛くないほどの大切な存在）
　　My daughter is the apple of my eye.
② apple-pie order（整理整頓ができている）
　　The monthly reports are in apple-pie order.
③ An apple a day keeps the doctor away.（1 日 1 個のりんごで医者いらず）

5 日本事象をチェック！

□ 1. 三種の神器　□ 1. 鏡餅　□ 2. お見合い　□ 3. 常用漢字の数

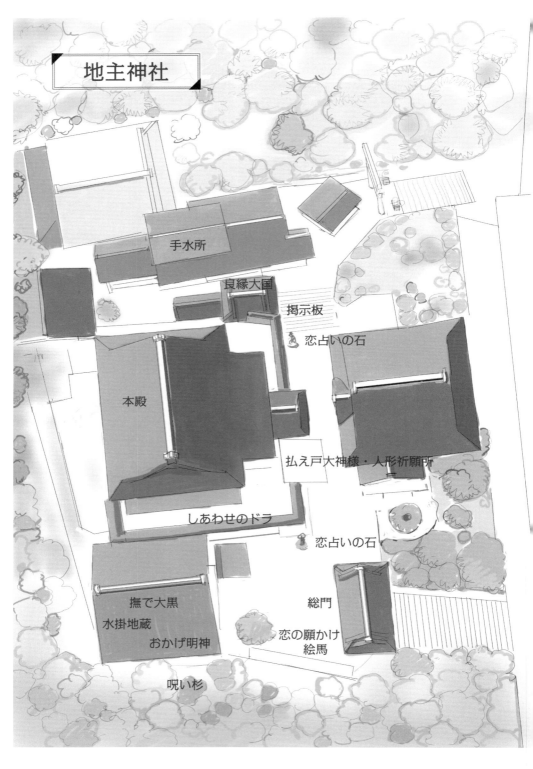

Chapter
8

銀閣寺

銀閣寺は足利将軍・義政による東山文化の結晶です。義政は、芸術として洗練された生花を生み出し、優雅な気晴らしに過ぎなかった茶の湯から茶道を完成させました。日本を象徴する数々の文化の粋を感じましょう。

8-1 銀閣寺

銀閣寺建築の由来や銀が貼られていない理由、応仁の乱、
義政の歴史的評価について

G：通訳ガイド　T：観光客

G: Let me give you some background on Ginkakuji. Ginkakuji means "Temple of the Silver Pavilion." Ashikaga Yoshimasa, the eighth shogun of the Ashikaga line, gave his title of shogun to his son and he began to build a villa for himself. After his death in 1490 – two years before Columbus discovered America – this villa **was converted into** a Zen temple. Its official name is Jishoin Temple, after his **posthumous Buddhist name**. What do you expect to see at the Temple of the Silver Pavilion?

T: I would expect to find a pavilion covered in silver and shining beautifully.

G: If so, you may be a little disappointed, because it's not coated with silver. It isn't clear why the Silver Pavilion is not covered with silver. One story says that Yoshimasa wanted to imitate the Golden Pavilion built by his grandfather, Yoshimitsu, and cover its **exterior** in **silver leaf**, but due to **financial difficulties** he couldn't realize his plan.

T: That's surprising! So what caused these financial difficulties?

G: The biggest cause was the **civil war** called the "Onin-no-ran" which was one of the most destructive civil wars in Japan.

T: What was the cause of this war?

G: Yoshimasa had no sons. He named his brother as his **successor**, but his wife then **gave birth to** a son. This was one of the causes of the Onin-no-ran. A **fierce** battle **broke out** over the **issue of the succession**.

T: Wasn't he a competent political leader?

G: It's hard to call him a competent politician. Yoshimasa wasn't the type of person who puts his career first. Let me quote a poem of his: "I realize everything is a ghostly dream. There is neither gladness nor joy in me."

G：銀閣寺の背景についてお話ししますね。銀閣寺は「シルバーパビリオンの寺」を意味します。足利幕府 8 代将軍・義政は将軍職を息子に譲ってから自分のための別荘を作り始めました。彼の死後、この別荘はコロンブスがアメリカを発見する 2 年前の 1490 年に、禅寺に変えられました。公式名称は義政公の法名にちなんだ慈照寺です。銀閣寺で何が見られるとお考えですか？

T：銀で覆われ、美しく輝くパビリオンでしょうか。

G：それでは、少しがっかりするかもしれませんね。銀で覆われてはいないのですよ。銀閣寺が銀で覆われていない理由は、明らかではありません。義政は祖父の義満が建てた金閣寺を模倣し、外側（外壁）を銀箔で覆いたかったのですが、財政難のために実現させることができなかったというお話があります。

T：驚きました！　ところで財政難の理由は何ですか？

G：最も大きな原因は「応仁の乱」で、これは日本で最も破壊的な内乱の一つです。

T：何が原因でこの内乱が勃発したのですか？

G：義政公には息子がいませんでした。そこで彼は後継者として実の弟を定めていたのですが、妻が男の子を出産しました。これが戦乱の原因の一つなのです。継承権問題をめぐって大乱が起こりました。

T：彼は有能な政治指導者ではなかったのですか？

G：彼が有能な政治家だったとは言いにくいです。義政公は仕事を先に考えるような人ではありませんでした。彼の歌を紹介させていただきますね。「何事も夢幻と思い知る。身には憂いも喜びもなし」。

単語の小箱

- □ be converted into ... …に変えられる　□ posthumous Buddhist name 法名
- □ exterior 外壁　□ silver leaf 銀箔　□ financial difficulties 財政難
- □ civil war 内戦　□ successor 継承者　□ give birth to ... …を出産する
- □ fierce 激しい　□ break out 勃発する（起こる）□ issue of the succession 継承権問題

8-2　銀閣寺

義政が引退した理由とその時代背景について

G：通訳ガイド　T：観光客

T: Was Yoshimasa a **pessimistic** person?
G: It's difficult to answer that question. In a sense, he loved the arts of **solitude**. He **succeeded to** his family's title when he was 10 years old and became shogun. The late 15th century was an era of civil wars in Japan; besides that, a lot of famines were **ravaging** Japan. He spent his youth in what you might call a "Dark Age" in Japan. These factors may have formed his character. Politically, this age **was characterized by** the **overthrow of the great and powerful by their underlings**.
T: "**The tail wagging the dog**" may be an appropriate expression.
G: Thanks for teaching me a new expression. Actually, Yoshimasa was not a powerful administrator, so he voluntarily retired at the age of 37. In his retirement, he enjoyed gardening, **incense burning**, composing poems, tea ceremony and **Indian ink painting**. He played a very important part in **fostering** arts such as the tea ceremony and flower arrangement.

Walking between the hedges at the Silver Pavilion

T: With these stones, bamboo, and camellia trees, the entranceway to the temple is very impressive.
G: It's 50 meters long. It's a symbol of wealth as well as beauty.

At the entrance

G: Here's your admission ticket. You can stick it at the entrance to your home or high up on the door of your room as a charm.
T: What's this written on it?
G: "Kannon Bodhisattva of the Temple of the Silver Pavilion; praying for good fortune; the safety of the family"; then the name of the area and the name of the temple.

T： 彼は悲観的な人だったのですか？

G： その質問に答えるのは難しいですね。ある意味では彼は孤独の芸術を愛したのです。彼は 10 歳のとき家督を継ぎ将軍になりました。15 世紀後半は内戦の時代で、それに加えて多くの飢饉が日本を襲いました。いわゆる日本の暗黒時代に、彼は青年期を過ごしました。これらの要素が彼の性格を形成したのかもしれません。政治面ではこの時代は下の者が上の者を打ち倒す時代でした。

T：「下剋上」が適切な表現かもしれません。

G： 新しい表現を教えてくださってありがとうございます。実際、義政公は力のある統治者ではありませんでしたから、37 歳で自ら引退したのです。隠遁生活では義政公は庭作りや香道、歌作り、茶の湯、水墨画などを楽しみました。義政公は茶道、生け花などの芸術の育成に重要な役割を果たしたのです。

銀閣寺垣に沿って歩きながら

T：石、竹、椿と、お寺への参道はとても印象的ですね。

G：50 メートルあります。美と富の象徴でもあるのですよ。

入り口の前で

G：拝観券です。お守りとして玄関や部屋のドアの上部に貼られます。

T：何が書かれているのですか？

G：銀閣寺菩薩様、開運招福、家内安全、地域名と寺の名前です。

単語の小箱

- □ pessimistic 悲観的な　□ solitude 孤独　□ succeed to ... …を継承する
- □ ravage 破壊する（襲う）　□ be characterized by ... …で特徴づけられる
- □ overthrow of the great and powerful by their underlings 下の者が上の者を打倒する
- □ the tail wagging the dog 下剋上　□ incense burning 香道
- □ Indian ink painting 水墨画　□ foster 育成する

217

8-3 銀閣寺

銀閣の構造、向月台、
銀沙灘、築山について

In front of the Silver Pavilion

G：通訳ガイド　T：観光客

G: This is the Silver Pavilion.

T: It isn't silver, but I find this wooden pavilion attractive.

G: The Silver Pavilion **was modeled on** the Golden Pavilion and Saihoji which is famous for its moss garden. This is a two-story pavilion. The first floor is built in traditional Japanese domestic architectural style called "Shoin-zukuri." The second floor is built in Zen Buddhist style with some "Katomado", flower-shaped windows. The "Katomado" are in the shape of lotus flowers. Kannon Bodhisattva is enshrined there. The golden bronze phoenix on the roof guards the Silver Pavilion. It is said that the Temple of the Silver Pavilion expresses "Wabi Sabi" which is based on the idea that beauty lies in simplicity. "Wabi Sabi" was much loved and cultivated by Yoshimasa.

T: Mmm. So what's this? I like this mountain of sand. It looks like a hat or an ice-cream cone.

G: You have a good imagination, but it's often compared to the **cone-shaped** Mt. Fuji, the highest mountain in Japan. The name of this sand hill is "Kogetsudai." It means "Moon Viewing Platform."

T: What's this silvery white sand with waves in it?

G: It's said to be modeled on Lake Saiko in China. It's called the "Ginshadan" and **signifies** the great ocean. In a sense, the silvery white sand in Zen gardens represents **emptiness**. It signifies **transcendence**. It's designed to be filled with the light of the moon. It's said that the Ginshadan reflects the moonlight and the reflected light is cast on to the ceilings of the Silver Pavilion and illuminates the whole garden.

T: I want to see the Silver Pavilion shining at night.

G: The Silver Pavilion is closed at night, though.

銀閣の前で

G：こちらが銀閣です。

T：銀色ではないですが、この木造のパビリオンに魅了されます。

G：銀閣は、金閣と苔寺として有名な西芳寺を模倣し建築されました。2階建てのパビリオンです。1階は伝統的な日本住宅の建築で書院造りと呼ばれています。2階は禅宗の仏殿様式で、壁には花の形をした「花頭窓」があります。「花頭窓」はハスの花の形をしています。観音菩薩が祀られています。屋根の上の金銅の鳳凰が銀閣を守っています。銀閣の建物は日本の質素さの中に美が存在するという考えに基づいた、日本の「わびさび」を表現していると言われています。「わびさび」は義政に愛され育成されたのです。

T：うーん。ところで、これは何ですか？ 私はこの砂山が好きです。帽子か、アイスクリームのコーンに見えます。

G：あなたの想像力もいいですよ。でも日本で一番高い山で、円錐型の富士山によく例えられるのです。砂山の名前は「向月台」です。「月見台」を意味します。

T：波型の入った銀色っぽい白い盛り砂は何ですか？

G：中国の西湖を模倣して造ったと言われています。「銀沙灘」と呼ばれて大海を意味します。ある意味では禅の庭で銀色がかった白砂は広がり（空虚）を意味すると言われています。俗界からの超越を意味します。月の光を浴びるようにデザインされています。銀沙灘は月の光を反射し、反射した光は銀閣寺の天井にも届き、庭全体を照らすと言われています。

T：銀閣寺が夜、輝いているのを見たいです。

G：でも夜は、銀閣寺は閉まってしまいます。

単語の小箱

□ be modeled on ... …を模倣する　□ cone-shaped 円錐型の　□ signify 意味する
□ emptiness 広がり、空虚　□ transcendence 超越

8-4 銀閣寺

日本のお月見についてや、4畳半の和室の起源といわれている
東求堂の同仁斎、書院造について

Sitting on the veranda after praying at the Main Hall

G：通訳ガイド　T：観光客

G: Let's look at a real mountain. That mountain is called "Tsukimachiyama" which means the "Mountain Waiting for the Moon." We wait for the full moon and then enjoy moon viewing.

T: How do Japanese people enjoy moon viewing?

G: On the night of the full moon, we offer **pampas grass**, **rice dumplings**, **newly harvested** fruit and vegetables to the moon. It's a kind of **harvest festival** as well as a prayer for **bountiful crops**.

T: The **concept** of moon viewing in Japan is different from in America! If you watch an American horror movie, you can see the moon, a castle, and a **howling wolf** appearing in the same scene. In American movies, the full moon tends to **induce horrific** crimes.

G: Yes, that reminds me of several scenes in American movies. This shows a cultural difference.

T: I'm very interested in learning about cultural differences. Cultures differ from country to country, don't they?

G: Yes. Please feel free to ask me any questions you have. You'll be able to find out about more cultural differences by asking me questions.

In front of Togudo (East Seeking Hall)

G: This building is named Togudo, which literally means "East Seeking Hall." It means that people in the east are seeking to be born in the **Western Paradise** by praying to **Amitaba Buddha**. There's a statue of Amitaba Buddha in this hall. You can also see a room called a "Shoin," a kind of formal study room with a typical **built-in writing desk** and **staggered shelves**. This 4.5 tatami mat tearoom is believed to be the first tearoom. It's also popularly believed that the art of flower arrangement **originated** in this room.

本堂で拝んだ後、縁側に座りながら

G：本物の山を見ましょう。あの山の名前は「月待山」で「月を待つ山」を意味します。私たちは満月を待ちこがれ、お月見を楽しみます。

T：どのようにして、日本人はお月見を楽しむのですか？

G：満月の夜に、ススキ、お団子、収穫したての果物と野菜をお月様にお供えします。収穫祭であると同時にお米の豊作も願うのです。

T：日本で月を見る感覚はアメリカとは違いますね。アメリカのホラー映画を見たら、月、城、そして吠えている狼を同じシーンで見られますよ。アメリカ映画では、満月は恐ろしい犯罪を引き起こすことが多いです。

G：アメリカ映画のいくつかのシーンを思い出しました。このことは文化の違いを示していますね。

T：私は文化の違いを学ぶのに興味があります。文化は国によって違いますね。

G：そうですね。ご遠慮なく、どのような質問でもしてください。質問することによってさらに文化の違いがわかるようになりますよ。

東求堂の前で

G：この建物は東求堂という名前で「東を求める堂」を意味します。「東方の人、阿弥陀如来に念仏して西方に生まれることを求む」という意味です。阿弥陀如来像も安置されています。「書院」、つまりフォーマルな書斎には、典型的な付け書院と違い棚が設置されています。この 4.5 畳の茶室は日本の茶室の始まりだと言われています。一般的に生け花の起源はこの部屋だとも言われています。

単語の小箱

- □ pampas grass ススキ □ rice dumplings 団子
- □ newly harvested 収穫したばかりの □ harvest festival 収穫祭
- □ bountiful crop 豊作 □ concept 概念 □ howling wolf 吠える狼
- □ induce 引き起こす □ horrific ひどい □ Western Paradise 西方浄土
- □ Amitaba Buddha 阿弥陀如来 □ built-in writing desk 付け書院
- □ staggered shelves 違い棚 □ originate 始まる

221

8-5 銀閣寺

生花や、池泉回遊式庭園について

G：通訳ガイド　T：観光客

T: Please tell me about "Ikebana".

G: OK, I'll explain it briefly. "Ikebana" literally means to give life to flowers. Ikebana is the traditional art of arranging flowers. There are three **fixed positions** for flowers. Three elements are arranged **in a triangle**. They symbolize heaven, earth and man and signify harmony with nature. Ikebana was closely related to the tea ceremony and used for decorating the tearoom. Still now, many women take tea ceremony and flower arrangement lessons to master traditional Japanese etiquette.

T: I've heard that the Japanese know a technique to **prolong** the life of a flower.

G: **Cutting the stalks under water** and **rubbing salt in the cut stalks** is considered to be a good way.

T: Thanks a lot for teaching me. I love flowers. Flowers are nature's calendar.

G: Next, let me talk about the garden. This is a stroll-style pond garden, so you can enjoy a beautiful view from any angle. There are seven stone bridges and four "floating stones". Some of these stones were donated by feudal lords to show their power. Those big stones have **donors' plaques** on them.

T：「生花」について教えてください。

G：はい、簡単に説明しましょう。「生花」は、文字どおり花に生命を与えることを意味します。生花は伝統的な花を生ける方法です。花の3つの位置が決まっています。3つの要素は三角形でアレンジされています。天、地、人を象徴し、自然との調和を意味します。生花は茶道と密接に関係していて、茶室を飾るために使われました。今でも多くの女性が、伝統的な日本のエチケットをマスターするために茶道や生花を習います。

T：日本人が花を長く保たせる技術を知ってると聞いたことがあるのですが。

G：茎を水切をして、切り口に塩をすり込むことが良い方法だと考えられています。

T：教えてくださって、ありがとうございます。私は花が大好きなのです。花は自然のカレンダーですものね。

G：次にお庭についてお話ししますね。これは池泉回遊式庭園ですから、どの角度からも美しい景色が楽しめます。7つの石橋と4つの「浮島」があります。力を示すために大名によって寄付された石もあります。それらの大きな石には献納者の名札が付いています。

単語の小箱

☐ fixed positions 決まった位置　☐ in a triangle 三角形で

☐ prolong 長持ちさせる　☐ cut the stalks under water 茎を水切りする

☐ rub salt in the cut stalks 茎の切り口に塩をすり込む

☐ donors' plaques 献納者の名札（銘盤）

8-6 銀閣寺

苔に対する日本とアメリカの
見解の違いについて

Walking around the garden

G：通訳ガイド　T：観光客

G: The steps are covered with moss on both sides.
T: Wow! This is the first time I've seen a moss carpet! I never realized that moss was so beautiful.
G: Do you know the **proverb** "A rolling stone gathers no moss"? Japanese people interpret this proverb this way: "If you change jobs, you'll never succeed." This means that Japanese people view moss as a kind of **accomplishment**.
T: I interpret this proverb quite differently, probably because I look at moss **negatively**. It means that if you stay in the same place for years, you'll never **better** yourself.
G: It's interesting to know that we have different **perspectives**. I've heard that British people interpret moss in the same way that the Japanese do.

At the top of the hill

G: You can look down on the whole garden and the various buildings.
T: It's a picture postcard view, isn't it? The contrast of the moss with the pine trees is beautiful, too.

庭を歩きながら

G：階段の両側は苔で覆われているのですよ。

T：すごいです！ 私は苔のカーペットを見るのはこれが初めてです。こんなにも苔が美しいことを初めて知りました。

G：「転がる石には苔がつかない」のことわざを知っていますか？ 日本人はこのことわざをこんなふうに解釈します。「転職したら成功できない」。これは日本人が苔を成就のようなものとして見ていることを意味します。

T：私はこのことわざを異なった解釈をします。たぶん、私は苔を否定的に見ているからだと思います。同じ場所に長くいると自分自身を向上させられないことを意味します。

G：私たちが異なった見方をするのは面白いですね。私は英国人が苔を日本人と同じような見方をしていると思いますよ。

丘の上で

G：庭全体と建物を見られますよ。

T：絵はがきのような景色ですね。苔と松の木のコントラストもきれいですね。

単 語 の 小 箱

☐ proverb ことわざ　☐ accomplishment 成就
☐ negatively 否定的に　☐ better 向上させる　☐ perspective 見方

8-7　銀閣寺

哲学の小道と、
大文字焼きとお盆について

After leaving the Silver Pavilion, walking along the Philosopher's Path

G：通訳ガイド　T：観光客

G: Let's walk along the **Philosopher's Path** which **links** the Silver Pavilion **and** Nanzenji. It's about two kilometers long. The water in this **canal** comes from Lake Biwa, which is the biggest lake in Japan.

T: Why is it named "Philosopher's Path"?

G: Nishida Kitaro, who was a philosopher at Kyoto University, liked to walk this path. Philosopher's Path was named after him. He's one of the most **renowned** philosophers in Japan.

On Shirakawa Street

G: Look at Higashiyama and this picture. You can see the Kanji "Dai" on Higashiyama Mountain on August 16th in this picture. "Dai" means "big." Big fires **are lit** on five mountains. It's said that either Kukai or Yoshimasa began to light the Chinese character "Dai." This is one of the events during the Obon festivals.

T: What is the "Obon festival"?

G: Obon is a three-day Buddhist holiday: August 13th, 14th, and 15th. People believe that Obon is the time of year when the **spirits of the dead** return to their former homes and families. This festival, "Daimonji," probably originated as a way to guide these spirits back to the spirit world. Burning the firewood makes the dark night brighter.

T: I see. The spirits won't get lost because it's not dark, even at night.

G: That's it – you've got the idea! The **firewood** is carried up the mountain on the day of the festival. When the fire **is put out**, people take the charcoal powder home as a charm to ward off evil spirits.

T: Mmm. I kind of understand. It's like magic. I'd like to see the Obon festival next time.

銀閣寺を出て哲学の道を歩きながら

G：さあ、銀閣寺と南禅寺をつなぐ哲学の道を歩きましょう。約2キロメートル
あまりです。運河の水は日本で一番大きな湖、琵琶湖から引かれています。

T：なぜ「哲学の小道」と名づけられているのですか？

G：京都大学の哲学者、西田幾多郎が、この道を歩くのが好きだったからです。
哲学の道は彼にちなんで名づけられました。彼は日本で最も有名な哲学者の
一人です。

白川通で

G：東山と、この写真を見てください。この写真で東山の上に漢字の「大」が見
られるでしょう。「大」は「大きい」を意味します。8月16日に大火が五山
に灯されます。空海か義政公かが漢字の「大」を灯し始めたと言われていま
す。これはお盆のお祭りの一つなのです。

T：「お盆のお祭り」とは何ですか？

G：お盆とは3日間の仏教の祭日で8月13日、14日、15日のことを言います。
人々はお盆は故人の霊が家や家族のところに戻ってくる時だと信じています。
たぶん、このお祭り「大文字焼き」は、故人の霊をあの世に戻すために始め
られたのです。薪を燃やすことで暗い夜は明るくなります。

T：なるほど。夜でも暗くないので魂は迷わないでしょう。

G：そうなのです！ よく理解されていますね。薪がお祭りの日に山に運ばれます。
火が消されると人々は、墨の粉を魔除けのお守りとして持ち帰ります。

T：う～ん。ある程度までわかりますよ。おまじないみたいなものですね。次回
はお盆のお祭りを経験したいです。

単語の小箱

□ **Philosopher's Path** 哲学の小道　□ **link A and B** A と B をつなぐ　□ **canal** 運河
□ **renowned** 有名な　□ **be lit** 火がつけられる　□ **spirits of the dead** 故人の魂
□ **firewood** 薪　□ **be put out**（火を）消す

227

8-8 銀閣寺

盆踊り、日本では火葬が主である理由、
お彼岸と、お墓参りについて

G：通訳ガイド　T：観光客

T: Please tell me more about Obon.
G: Well, let me talk about Bon-odori. People in cotton kimonos dance in a circle until late at night to welcome and **console** the **departed souls**. Stages are often **set up** in shrines or temple **compounds**, or in community parks.
T: Talking of the departed souls, do the Japanese always **cremate** the dead?
G: Yes. Most **municipalities prohibit burial** for **hygienic reasons**.
T: I see. Do the Japanese often **visit tombs**?
G: Some people visit once a month. During "Higan," the weeks of the **vernal equinox** and the **autumnal equinox**, Japanese people pay their respects at their ancestors' tombs.
T: Is there a special reason for choosing Higan?
G: Higan means "the far shore." Higan is the ideal "**Pure Land**." Most of us are on this shore. We make special efforts to follow the path of Buddha during the week of Higan. We **pursue enlightenment** and pay our respects to our dead ancestors especially during this week, so we visit our ancestors' graves.
T: Mmm. I've learned a lot, thanks to you.
G: Here comes the bus!

T：もっとお盆について教えてください。

G：そうですね。それでは盆踊りについてお話しさせてください。綿の着物を着た人々が死者の霊を迎え慰めるために、夜遅くまで輪になって踊ります。舞台は神社や寺の境内や地域の公園に設置されます。

T：故人の霊と言えば、日本人はいつも死者を火葬するのですか？

G：はい。ほとんどの市町村では衛生上の理由で土葬を禁じています。

T：なるほど。日本人はよくお墓参りをするのですか？

G：1カ月に1回お墓参りをする人もいます。「彼岸」、つまり春分や秋分の週は日本人は先祖のお墓にお参りします。

T：彼岸を選ぶ特別な理由があるのですか？

G：彼岸は「向こう岸」を意味します。彼岸は理想的な「浄土」です。私たちのほとんどはこちらの岸にいます。彼岸の週は仏の道に従うために特別な努力をします。私たちは悟りを求め、そして特にこの週は死んだご先祖様に敬意を払いますので、先祖のお墓参りをするのです。

T：なるほど。多くのことを学べました。ありがとうございます。

G：バスが来ましたよ。

単語の小箱

- □ console 慰める　□ departed souls 死者の霊　□ set up 設置する
- □ compound 敷地（境内）　□ cremate 火葬する　□ municipal 市町村（地方自治体）
- □ prohibit 禁止する　□ burial 埋葬　□ hygienic reason 衛生上の理由
- □ visit a tomb 墓参りをする　□ vernal equinox 春分　□ autumnal equinox 秋分
- □ Pure Land 浄土　□ pursue enlightenment 悟りを求める

瞬間英作文

1. 義政の別荘は 1492 年に禅寺に変えられました。

2. 応仁の乱は日本で最も破壊的な内乱の一つです。

3. 「下剋上」が適切な表現です。

4. 足利義政は茶道、生花などの芸術の育成に重要な役割を果たしました。

5. 銀閣は金閣を模倣しました。

6. 月見は一種の収穫祭です。

7. 書院とは付け書院と違い棚のあるフォーマルな書斎です。

8. この 4.5 畳の茶室は日本の茶室の始まりだと考えられています。

9. 生け花は茶道と密接に関係していて、茶室を飾るために使われました。

10. 日本人は苔を成就のようなものとして見ています。

11. 哲学の小道は銀閣寺と南禅寺を結びます。

12. お盆は故人の魂が家や家族のところに戻ってくるときです。

13. 日本では死者を火葬します。

---

1. be converted into ... …に変えられる（改修される）　　2. civil war 内乱
3. the tail wagging the dog 下剋上　　4. foster 育成する
5. be modeled on ... …を模倣する　　6. moon viewing 月見
7. built-in writing desk 付け書院　　8. 4.5 tatami mat tearoom 4.5 畳の茶室
9. be closely related to ... …と密接に関係する　　10. accomplishment 成就
11. link A and B　A と B をつなぐ　　12. the spirits of the dead 故人の魂
13. cremate 火葬する

解答例

1. Yoshimasa's villa **was converted into** a Zen temple in 1492.

2. The Onin-no-ran was one of the most destructive **civil wars** in Japan.

3. **"The tail wagging the dog"** is an appropriate expression.

4. Ashikaga Yoshimasa played an important part in **fostering** arts such as the tea ceremony and flower arrangement.

5. The Silver Pavilion **was modeled on** the Golden Pavilion.

6. **Moon viewing** is a kind of harvest festival.

7. A Shoin is a formal study room with a **built-in writing desk** and staggered shelves.

8. This **4.5 tatami mat tearoom** is believed to be the first tearoom.

9. Ikebana **was closely related** to the tea ceremony and used for decorating the tearoom.

10. Japanese people view moss as a kind of **accomplishment**.

11. The Philosopher's Path **links** the Silver Pavilion Temple **and** Nanzenji.

12. Obon is the time when **the spirits of the dead** return to their former homes and families.

13. We **cremate** the dead in Japan.

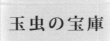

玉虫の宝庫

1 500年前の東求堂の同仁斎に日本文化のルーツを見る

- ❶ 銀閣寺垣　石、竹、椿の垣根の50メートルのお寺への参道で、京都の有名な垣根の一つです。
- ❷ 銀閣　　　1階は書院造、2階は禅宗仏殿様式です。
- ❸ 本堂　　　ご本尊として釈迦牟尼仏が安置されています。波紋を表現した銀沙灘と白砂の砂盛向月台は人々をイマジネーションの世界に誘い、そして魅了します。
- ❹ 東求堂　　東求堂は阿弥陀如来が安置されていて、浄土信仰の象徴です。4.5畳の茶室（同仁斎）には付け書院と違い棚が設置されています。あらゆる部屋の原型だと言われているので、4.5畳の茶室（同仁斎）に足を踏み入れたとたんに、日本人は今日に通じる普遍性を感じることでしょう。阿弥陀仏が東求堂の本像です。

2 通訳ガイドからのアドバイス

アドバイス1
義政公の果たした役割を説明しよう！

Yoshimasa played a very important part in fostering arts such as the tea ceremony and flower arrangement by separating himself from the secular world.（義政公は俗界から自分自身を切り離し茶道や生花などの文化の育成に重要な役割を果たしました）と、文化的な面を強調して人物紹介をするとよいでしょう。

アドバイス2
東求堂の同仁斎の4畳半の茶室は重要！

It is believed that this 4.5 tatami mat tearoom called "Dojinsai" is the first tearoom and the art of flower arrangement originated in this room.（東求堂の同仁斎の4畳半の茶室は日本の茶室の始まりで、生花の起源もこの部屋にあると考えられています）と説明すると、茶道や生花により興味を持ってもらえます。

アドバイス3

文化の違いを知り相手を理解しよう！ 西洋社会では満月は不吉？

日本人は満月（full moon）をおめでたい（auspicious）ものと見なし、と西洋人は満月を不吉なもの（inauspicious）と見なしています。また、日本人は苔（moss）を成就（accomplishment）と見ている人が多いですが、アメリカ人はその反対と見ている人が多いようです。

3 通訳ガイド体験日記

●観光客の夢を壊すようなことを話してしまった

義政のマイナス面を大げさに説明してしまい、観光客から "I'm disappointed." と言われたことがあります。生花、お茶などの日本を代表する芸術を育成したのは義政なので、プラス面を強調して話すようになりました。

4 ガイド英語Q&A

質問

"The tail wagging the dog"「下剋上」の表現ですが、「尻尾が犬を振る」とは慣用句で「本末転倒する」という意味でもあるのですね。では「私は本末転倒なことはしたくないです」を I don't want to wag the dog. とすることもできますか？

はい、お答えします

そのような使い方はしません。これはイディオムなので、John was hired just last month, but already he's bossing everyone around. It's the tail wagging the dog.（ジョンは先月雇われたばかりなのにすでに威張り散らしています。本末転倒です）のように、ひと繋がりで使われるフレーズです。

5 日本事象をチェック！

☐ 4. 月見　☐ 5. 生花　☐ 6. 苔　☐ 7. 盆　☐ 8. 盆踊り　☐ 8. 火葬　☐ 8. 墓参り
☐ 8. 彼岸

233

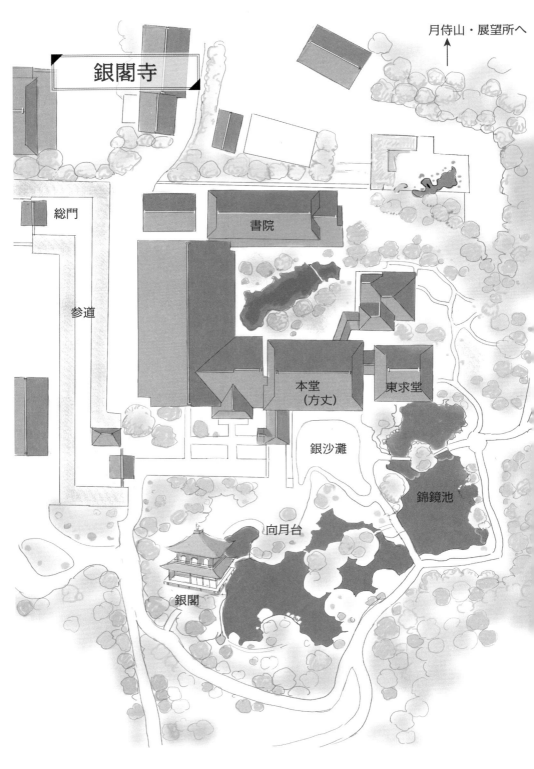

Chapter 9
伏見稲荷大社

「朱色の鳥居」といえば「お稲荷さん」を連想するほど、この鳥居は人々の心の中に鮮明に残ります。生命・大地・豊穣の力を持つ伏見稲荷大社は、海外からの観光客にとても楽しんでもらえるスポットです。神道の神様とお使いについてや、初詣、お正月の風習も説明できるようになりましょう。

9-1 伏見稲荷大社

伏見稲荷の名前の起源、鳥居が朱塗りである理由について

G：通訳ガイド　T：観光客

G: We're heading for Fushimi Inari Shrine. This shrine **was founded** in the early 8th century. Fushimi Inari Shrine, which we'll visit today, is the headquarters of all Inari shrines. First, let me explain where Inari Shrine's name came from. There are two theories. The first one **goes back to the legend** that a god appeared **carrying** a **bundle of ears of rice plants on his back**. Please look at these Chinese characters. "Ine" means "rice plant" and "Ni" means a "thing to carry," so that's why the shrine is named Inari Shrine. Let's look at the second theory. "Ine" means "rice plant." "Nari" means "bear." "Inari" is an **abbreviation** of "Ine-naru" which means "Rice plant **bears fruit**."

T: Fushimi Inari Shrine seems to have a lot to do with rice cultivation.

G: Originally, the deity of Inari Shrine **was revered** as the deity of agriculture. With industrialization, the deity of Fushimi Inari gradually came to be worshiped as the deity of business, too. There are about 30,000 Inari shrines in Japan.

T: 30,000? That many?

G: Inari Shrines are tutelary shrines for the local people and enshrine the deity of agriculture and business. You can even find an Inari Shrine on the roof of a famous department store. On the 1st and the 15th of every month, employees pray at the Inari Shrine for the prosperity of its business. Here we are at Fushimi Inari Station. This station is modeled on Fushimi Inari Shrine.

T: Wow! It's so orange. Why is it painted orange?

G: Vermilion symbolizes good harvests.

In front of the Torii gate

G: You are expected to bow in front of the *Torii* gate to pay your respects. It's polite not to **pass through** the middle of the *Torii* gate, since the gods travel through the middle.

G：伏見稲荷大社に向かっています。この神社は 8 世紀の前半に創建されました。本日訪れる伏見稲荷大社は、稲荷神社の総本宮です。最初に稲荷神社の名前の由来を説明しましょう。2 つの解釈があります。最初の解釈は神様が稲穂を背負って現れたという伝説にさかのぼります。この漢字を見てください。「稲」は「イネ」、そして「荷」は「荷物」を意味します。だから、神社は「稲荷神社」と名づけられているのです。2 番目の解釈をお話しましょう。「イネ」は英語で rice plant を意味します。「ナリ」は英語で「実を結ぶ」を意味します。「いなり」は「イネナル」の省略形で、「稲が実る」を意味します。

T：伏見稲荷大社は稲作と関係が深いようですね。

G：本来は、稲荷神社は農耕の神として崇められました。産業が発達するにつれて商売の神としても、崇拝されるようになりました。日本には約 3 万もの稲荷神社があります。

T：3 万？ そんなに多いのですか？

G：稲荷神社は地元の人々の守護神社で、農業、商売の神を祀っています。有名な百貨店の屋上にも稲荷神社がありますよ。毎月 1 日と 15 日には、従業員は商売繁栄を祈ります。さあ、伏見稲荷駅に着きましたよ。この駅は稲荷神社をモデルにしたものです。

T：すごい！ 鮮やかなオレンジ色です。なぜオレンジ色に塗られているのですか？

G：朱色は豊作を意味します。

鳥居の前で

G：敬意を払うために鳥居の前でお辞儀することになっています。鳥居の真中は神様の通り道なので真中を通り抜けないことが礼儀正しいとされています。

単語の小箱

□ be founded 設立される
□ go back to the legend 伝説にさかのぼる　□ carry A on *one's* back A を背負う
□ bundle of ears of rice plants 稲穂　□ abbreviation 省略
□ bear fruit 実がなる　□ be revered 崇められる　□ pass through ... …を通り抜ける

237

9-2 伏見稲荷大社

神様のお使いのキツネと、伏見稲荷の起源について

G：通訳ガイド　T：観光客

G: Look at this pair of stone foxes. They're considered to be the sacred messengers of the god of this shrine.
T: And what does the fox on the left side have in its mouth?
G: It has a key. It's the key to a **rice granary**. It can also be seen as the key to **achievement**.
T: What does the fox on the right have in his mouth?
G: It has a precious stone in its mouth. Precious stones symbolize the spirit of the gods. You can find many images of foxes in these **precincts**. Some of them have **ears of rice plants** or **scrolls** in their mouths.
T: I always thought that foxes were sly and cunning. Why are foxes regarded as **divine messengers**?
G: There's no definite answer to that. I have the impression too that foxes change themselves into something else and trick us. It's also said if you believe in the fox god, you'll get **omens** before something bad happens, so that you can escape.
T: That can be said about other animals, right? For example, some animals can **predict natural disasters** such as earthquakes. By the way, you didn't answer my question; why are foxes divine messengers of the god of Inari Shrine?
G: I can't give you any historical facts, but **folklore experts** would say that the fox spirit is linked with **good harvests**.
T: Is this because the tail of the fox resembles the ear of a rice plant?
G: Yes. In a sense, that's a good point.
T: I'm gradually starting to understand that the fox is at the origin of Fushimi Inari Shrine.
G: No, that's not right. The fox is a divine messenger. A legend says that Hata-no-Kimi Irogu shot an arrow at a rice cake, and the rice cake turned into a swan, and the swan flew up to the top of Mt. Inari and a white rice plant grew and Inari Shrine was built.

G：一対の石のキツネを見てください。この神社の神のお使いと見なされています。

T：左側のキツネは口に何をくわえていますか？

G：鍵です。あれは米蔵への鍵なんです。達成への鍵とも見なされます。

T：右側にいるキツネは口に何をくわえていますか？

G：大切な玉をくわえています。この貴重な玉は神様の精神を象徴します。この境内では多くのキツネの像を見られますよ。稲穂や巻物をくわえているキツネもいます。

T：キツネはずるく賢いというイメージを持っていたのですが。なぜキツネは神様のお使いと考えられているんでしょうか？

G：それに対する明確な答えはありません。私はキツネというのは何かに化けて、人を騙すとの印象も持っています。キツネの神様の存在を信じたら、不吉なことが起こる兆しが前もって伝わるので、避けることができるとも言われています。

T：それはほかの動物にも言えることですね。例えば地震などの自然災害を予知することができる動物もいます。ところで、私の質問にお答えいただいてないんですが。なぜキツネは稲荷神社の神様のお使いなのですか？

G：歴史的な事実を語ることはできないのですが、民俗学の専門家はキツネの精神は良い収穫と関係があるからだと言うでしょう。

T：これはキツネの尻尾が稲穂に似ているからですか？

G：はい。ある意味では、良い点をついていますね。

T：私はキツネが伏見稲荷大社の起源だとだんだん理解できてきました。

G：いいえ、それは正確ではないですね。キツネは神様のお使いです。伝説によれば秦公伊呂具（はたのきみいろぐ）が餅を矢に射てその餅が白鳥に変わり、その白鳥が稲荷山の頂上にまで飛んでとまった山の峰に稲がなり、稲荷神社が建てられたのだそうです。

単語の小箱

☐ rice granary 米蔵　☐ achievement 達成　☐ precinct 境内
☐ ear of a rice plant 稲穂　☐ scroll 巻物　☐ divine messenger 神のお使い
☐ omen 前兆　☐ predict 予知する　☐ natural disasters 自然災害
☐ folklore expert 民俗学の専門家　☐ good harvest 良い収穫

9-3　伏見稲荷大社

キツネが神様のお使いである理由や、
キツネが米の収穫に重要な役割を果たしたことについて

G：通訳ガイド　T：観光客

G: According to a legend, some **rats** and **hares** were making a mess of the paddy fields and **causing damage** to the crops, but when a pair of foxes appeared, they disappeared.

T: In other words, thanks to a pair of foxes, they had good crops; is that right?

G: That's right. There's an interesting story that a couple of foxes often came to play in the rice field and did their business there, which worked as a very good natural fertilizer. This natural **fertilizer** produced an **abundant rice harvest**. People **were grateful to** this pair of foxes and regarded them as divine messengers.

T: That must be a joke, but it's very interesting. This story tells us how important the rice harvest is for Japanese people.

G: You've got it. According to another legend a fox living in the mountains came down to get an ear of a rice plant during the **harvest season** and offered it to the mountain gods, so it has been considered to be a divine messenger.

T: What do you mean by the mountain gods?

G: I'll explain. People in ancient times were afraid of wind, rain, **lightning**, and other **natural phenomena**. Do you know why?

T: Because typhoons and lightning cause a lot of damage, but they do in other countries, too.

G: Japan was an agricultural country, so they felt that natural phenomena were more powerful than humans. They regarded these natural phenomena as gods. After they began to cultivate rice, they began to worship many deities in agricultural ceremonies. People also believed that spirits lived in many objects such as mountains, rocks, **gorges**, ponds, rivers and trees. People regarded the mountains as gods. It is said that there are **myriads of gods**.

G：伝説によれば、ネズミと野ウサギが水田を荒らして穀物に被害を与えていま
　　したが、キツネの夫婦が現れたとき、ネズミとウサギはいなくなりました。

T：言い換えれば、キツネの夫婦のおかげで良い収穫を得られた、そうですよね？

G：そのとおりです。キツネの夫婦が畑によく遊びに来て糞をした、そしてそれ
　　が肥料としての役割を果たしたという面白いお話があります。この自然の肥
　　料は米の豊作を生み出しました。人々はキツネの夫婦に感謝し、彼らを神様
　　のお使いと見なしました。

T：冗談でしょうが、とても面白いお話です。このお話は米の収穫が日本人にど
　　れほど重要であるかを教えてくれます。

G：本当にそのとおりなんです。山に住むキツネが収穫期に稲穂を取るために下
　　りてきて、それを山の神様に捧げたので神様のお使いと見なされている伝説
　　もあります。

T：山の神様とは何ですか？

G：説明しますね。古代の人々は風、雨、稲妻やその他の自然現象を恐れていま
　　した。なぜだかわかりますか？

T：台風や稲妻が損害を引き起こすからです。しかし、台風や稲妻はほかの国で
　　も損害を引き起こします。

G：日本は農業国だったので、人々は自然現象を人間よりも強いと感じていまし
　　た。彼らは自然現象を神と見なしました。お米を栽培し始めてからは、農業
　　の儀式で多くの神様を崇拝し始めました。人々はまた山、岩、渓谷、池、川
　　や木などの多くのものにも生命が宿っていると信じました。人々は山を神と
　　見なしたのです。八百万の神が存在すると言われています。

T：なるほどね。

単語の小箱

□ rat ネズミ　□ hare 野ウサギ　□ cause damage 被害を与える
□ fertilizer 肥料　□ abundant rice harvest 米の豊作
□ be grateful to ... …に感謝する　□ harvest season 収穫期　□ lightning 稲妻
□ natural phenomenon（複：-a）自然現象　□ gorges 渓谷　□ myriads of gods 八百万神

9-4 伏見稲荷大社

神道の簡単な定義、神社が建てられるようになった本来の目的と、
お祭りの目的について

G：通訳ガイド　T：観光客

T: I see. I'm gradually starting to understand Shintoism's polytheistic nature.

G: Shintoism is the indigenous religion of Japan. At every important ceremony, the gods were invited in, and **consequently**, shrines developed as sacred places to invite the gods. Do you know what the main purpose of the ceremonies and rituals is?

T: To pray for good harvests.

G: That's the secondary purpose. The main purpose is to entertain and please the gods.

T: Entertain the deities! That sounds fun!

After worshipping at the Main Hall

G: There are up to 5,000 Torii gates in the precincts which were donated mostly by merchants and companies to pray for the **prosperity of their businesses**. The **donors' names** are painted in black on the back of each Torii gate. They **range** in price **from** 200,000 yen to 700,000 yen. They are offered when we want to pray for something, or after our prayers are answered.

T: Ah, I wish I could donate a Torii gate, but I'm not rich enough.

G: You can buy a miniature Torii gate. They cost 2,500 yen, 5000 yen, or 10,000 yen. You can find these miniature Torii gates everywhere. They**'re stacked up against the fences** and can be found in many small shrines on the paths. Let's go through the "*Senbon Torii*" which means 1,000 *Torii* gates.

T: This is my first time here. It feels holy and refreshing, but if I were here alone, I'd feel as if I were in a **maze**. It might be a little bit scary.

G: I can understand your feelings.

T: It reminds me of one scene in the Hollywood movie "Memoirs of a Geisha."

T：なるほど。私は次第に、多神崇拝の性質を持つ神道がどのようなものかが、わかってきました。

G：神道は日本固有の宗教です。すべての重要な儀式に神が招かれ、その結果として、神社が神様を招待する神聖な場所として発展してきました。あなたは儀式や祭式の主な目的は何かわかりますか？

T：良い収穫を祈ることです。

G：それは二番目の目的です。一番目の目的は神様を接待し喜ばせることです。

T：神様を楽しませるのですね！　それは面白そうです！

本殿で拝んだ後

G：境内には主に商人や会社から商売繁盛を祈って寄付された5千基もの鳥居があります。奉納者の名前がそれぞれの鳥居の裏側に黒色で書かれています。価格は20万円から70万円くらいまでに及びます。何か願い事をするとき、または願い事が叶ったときに奉納されます。

T：なるほど。鳥居を献納できればなあと思いますが、私はそんなにお金持ちではないのです。

G：ミニ鳥居を購入できますよ。値段は2,500円、5,000円、そして1万円です。このミニ鳥居はいたるところで見つけられますよ。フェンスのところにも積まれていますし、参道の小さな神社にもあります。千本の鳥居を意味する「千本鳥居」を通り抜けましょう。

T：ここに来るのは初めてです。新鮮な、そして神聖な気持ちになりますが、ここで一人だったら、迷路にいるような気持ちになるでしょうね。ちょっと怖いかもしれません。

G：あなたの気持ちが理解できますよ。

T：ハリウッド映画の「Memoirs of a Geisha（SAYURI）」のシーンも思い出します。

単語の小箱

□ consequently 結果的には
□ prosperity of *one's* businesses 商売繁盛
□ donor's name 奉納者の名前　□ range A from B AからBに及ぶ
□ be stacked up against the fences フェンスに積まれる　□ maze 迷路

243

9-5　伏見稲荷大社

千本鳥居を通った先の奥社奉拝所、キツネの絵馬や
おもかる石について

After going through the "Senbon Torii"

G：通訳ガイド　T：観光客

G: Here we are at the place which connects the upper mountain and the lower mountain. This is a place of worship called Okusha-houhaisho.

T: Wow! What are these tablets in the shape of fox faces? They're so cute and they seem to be welcoming us.

G: They're **votive picture tablets** called Ema. When you pray for something or after your prayers are answered, they are offered to the shrine. This votive picture is unique in that it's in the shape of a fox. Please follow me.

In front of "Omokaru-ishi"

G: This is "Omokaru-ishi." If you can lift it up easily, your dreams will soon come true. Why don't you try?

T: It's a little bit too heavy for me to lift. It may take a long time for my dream to come true.

G: It's heavy for me, too. We have to **make efforts** to realize our dreams. It takes about two hours to go up and down Mt. Inari. It's four kilometers.

T: How high is Mt. Inari?

G: It's 233 meters. We don't have enough time today, so we have to go back by the "*Senbon Torii*" route which we came up. On our way back, you can find the donors' names painted in black and white on the *Torii*. As Japan changed from an agricultural country to an industrialized country, the number of *Torii* gates increased, for example in 1964 when the Tokyo Olympic Games were held and again in 1970 when the World Expo was held.

T: You mean, the number of Torii gates increased when the Japanese economy was growing rapidly.

千本鳥居を通り抜けた後で

G：私たちは今、上の山と下の山を結びつける参拝所にいます。この場所は「奥
社奉拝所」と呼ばれています。

T：すごい！ キツネの顔の形をした板は何ですか？ とても可愛いですし、私た
ちを出迎えてくれているようなのですが。

G：絵馬と呼ばれる奉納板です。何かお祈りごとをするとき、または、お祈りご
とが叶うと奉納板は神社に捧げられます。この奉納板はキツネの形をしてい
るのがユニークですね。では、後をついてきてください。

おもかる石の前で

G：これは「おもかる石」です。簡単に持ち上げられれば、あなたの夢はすぐに
叶います。ためしてみてはどうですか？

T：私には少し重すぎて持ち上げられません。私の夢が実現するには時間がかか
るかもしれません。

G：私にもこの石は重いですよ。夢を実現させるために努力しなければなりませ
んね。稲荷山をお山する（上って下る）には約2時間かかります。4キロ程
あります。

T：稲荷山の高さはどれくらいですか？

G：233メートルです。今日は十分な時間がないので通ってきたルート「千本鳥
居」を通り抜けなければなりません。帰り道では、奉納者の名前が白と黒で
鳥居に書かれているのがわかります。日本が農業国から工業国に変わったと
きに、鳥居の数は増加しました。例えば、1964年の東京オリンピックが開催
された年や1970年の万博が開催された年です。

T：つまり、鳥居の数は日本経済が急速に発展していたときに増加したのですね。

単 語 の 小 箱

□ votive picture tablet 奉納板（絵馬） □ make efforts 努力する

245

9-6 伏見稲荷大社

伏見稲荷大社の新年の参拝者数についてや、
門松、注連飾り、年賀状、お年玉など日本の慣習について

At a Japanese restaurant

G：通訳ガイド　T：観光客

G: Fushimi Inari Shrine is a very popular shrine. Every year, **on the average**, as many as 2.5 million people pay their New Year visit there. It **is listed as** the second most popular shrine for New Year's visits. We pray for a long life and happiness for the year.

T: Do you decorate your house during the New Year holidays just like we decorate our Christmas trees?

G: Yes. We place a pair of pine branches and bamboo called "*Kadomatsu*" on both sides of the front entrance of the house during the New Year holidays. It symbolizes longevity, prosperity and purity. The pine tree symbolizes longevity, and bamboo is a symbol of vitality. We use plum branches to make special ones. Plum trees are a **harbinger** of spring. We have another New Year's decoration called "*Shimekazari*."

T: What's a "*Shimekazari*?"

G: It's a decoration of twisted straw ropes with **fern** leaves, bitter oranges called "*Daidai*" and other **items of good omen**. We attach "*Shimekazari*" over the front entrance of the house. It **functions** in the same way as a *Torii* gate. "*Shimekazari*" keep the inside of the house sacred.

T: I see. By the way, I got a New Year's greeting card from my Japanese pen pal.

G: That's called a "*Nengajo*." We exchange "*Nengajo*" among friends, teachers, business **acquaintances**, and customers to wish them a Happy New Year.

T: The practice of exchanging New Year's cards is similar to that of Christmas cards.

G: That's right, and the western practice of giving Christmas presents to children is similar to that of the Japanese giving "*Otoshidama*." "*Otoshidama*" is a gift of money. We give "*Otoshidama*" to young children.

日本食のお店で

G：伏見稲荷大社はとても人気のある神社です。毎年、平均して250万人もが伏見稲荷大社に初詣参拝します。初詣では2番目に人気のある神社としてリストされています。私たちは新年の長寿と幸福を祈ります。

T：私たちがクリスマスツリーを飾るように、あなた方はお正月には家を飾るのですか？

G：はい。松の枝と竹筒の一対の飾り物「門松」を正月休みの間に家の玄関の両側に置きます。それは長寿と繁栄と純潔を意味します。松の木は長寿を意味し、竹は生命の象徴です。特別な（豪華な）門松を作るには梅の枝を添えます。梅の木は春の訪れを告げます。「注連飾り」と言う名の別の新年の装飾品があります。

T：「注連飾り」とは何ですか？

G：しだの葉と「ダイダイ」と言われる苦い味のするみかんとほかの縁起の良い物がついた、ねじったわらの縄の飾りです。注連飾りを家の玄関の上に取り付けます。鳥居と同じ役割を果たします。注連飾りは家の中を神聖に保ちます。

T：わかりました。ところで新年のグリーティングカードを、私の日本人のペンパルから受け取りました。

G：それは「年賀状」です。私たちは友人、先生、取引先、顧客などと、良い新年を祈って挨拶状をやりとりするんです。

T：年賀状を交換する風習はクリスマスカードを交換する風習と似ていますね。

G：そのとおりです。西洋でクリスマスプレゼントを子供にあげる習慣は、日本人が子供にあげる「お年玉」と同じです。「お年玉」はお金の贈り物です。私たちは「お年玉」を子供にあげます。

単語の小箱

□ **on the average** 平均して　□ **be listed as ...** …としてリストされている
□ **harbinger** 前触れ、訪れ　□ **fern** しだ　□ **item of good omen** 縁起の良い物
□ **function** 機能を果たす　□ **acquaintance** 知人

9-7 伏見稲荷大社

稲荷寿司、キツネうどん、年越しそばなどの日本食や、
酒と焼酎の違いについて

Food is being served

G：通訳ガイド　T：観光客

T: Why is this called "*Inarizushi*"?

G: It's said that foxes like **fried bean curd**. It's also said that fried bean curds resemble a fox's ears, so this is called *Inarizushi*. Fried bean curd is boiled in sugar and soy sauce. **Vinegared rice is wrapped in** this seasoned fried bean curd.

T: Thanks very much for telling me how to make "*Inarizushi*." Why is this called "*Kitsune Udon*?"

G: *Kitsune* is the word for fox in Japanese. This fried bean curd is the fox's favorite food. It's put on the top of hot noodles, so this is called "*Kitsune Udon*."

T: I've heard that the Japanese eat noodles on New Year's Eve. Why do you eat noodles on New Year's Eve?

G: We eat buckwheat noodles called "*Toshikoshi Soba*" on New Year's Eve. There are two reasons for this. Since buckwheat noodles are long, they symbolize long life. Japanese people eat them and pray for a long life. The word "*Soba*" in Japanese also means "being close." Being close signifies the approach of the New Year.

T: We're often surprised to see how Japanese people **slurp** their noodles.

G: It's considered to be the best way to taste the noodles. Would you like to drink some "*sake*" or "*shochu*"?

T: Could you tell me the difference between "*sake*" and "*shochu*"?

G: The main difference is that *sake* is a **fermented alcoholic drink** and *shochu* is a **distilled** alcoholic drink made from things such as rice or potatoes. The **alcohol content** of *shochu* is about 30%. *Shochu* is cheaper than *sake*. I recommend *sake*, because Fushimi here in Kyoto is famous for *sake* **brewing**. *Sake* is made from rice. Fushimi can be proud of the good quality of its rice and water, which are essential **ingredients** for making *sake*. The alcohol content is about 15%.

料理が出される

T：なぜこれは「稲荷寿司」と呼ばれているのですか？

G：キツネはあげが好きだと言われています。またあげはキツネの耳に似ているので、稲荷寿司と言われています。あげは砂糖と醤油で煮詰てあります。お酢のきいたご飯がこの味付けされたあげに包まれています。

T：私に「稲荷寿司」の作り方を教えてくれてどうもありがとう。なぜ、これは「キツネうどん」と呼ばれているのですか？

G：日本語で fox にあたる言葉はキツネです。油あげはキツネの好物です。この油あげは熱い麺に乗せられるので、「キツネうどん」と呼ばれます。

T：日本人は大晦日に麺類を食べると聞いたことがあります。なぜ、あなたがたは大晦日に麺を食べるのですか？

G：私たちは大晦日に「年越しそば」というそばを食べます。理由は2つあります。そばは長いので、長寿を意味します。日本人はそばを食べて長寿を祈ります。 また、「そば」は「近いこと」を意味します。つまりそれは新年が近づいていることを意味します。

T：私たちは日本人が麺類を音を立てて食べるのを見て驚くのですが。

G：麺類を味わう一番の方法だとされているのですよ。「お酒」か「焼酎」どちらか飲まれますか？

T：「お酒」と「焼酎」の違いについて教えてくれませんか？

G：大きな違いは、お酒は発酵酒ですが焼酎は蒸留酒で、お米や芋などの材料からできているということです。焼酎のアルコール度は約30パーセントです。焼酎はお酒より安いです。お酒をお薦めします。京都の伏見は酒の醸造で有名ですから。酒はお米からできています。伏見はお酒造りに不可欠な原料の良質のお米と水が名産です。アルコール度は15パーセントくらいです。

単語の小箱

□ fried bean curd あげ　□ vinegared rice 酢飯　□ be wrapped in ... …に包まれる
□ slurp 音を立てて食べる　□ fermented alcoholic drink 発酵した酒
□ distilled 蒸留した　□ alcohol content アルコール度
□ brew 醸造する　□ ingredients 原材料

9-8 伏見稲荷大社

異常気象のための米不足、田植え、江戸時代の年貢について

G：通訳ガイド　T：観光客

T : I'm curious to know about Japanese rice. Rice is the **staple food** in Japan, right? I've read a book which said that the **unusually cool summer** in 1993 caused bad rice crops. The book said that on the average the price of Japanese rice was seven times that of rice from other countries, but Japanese people stuck to Japanese rice.

G : At that time, there were long lines in front of rice shops and supermarkets. We had to wait for several hours to buy Japanese rice because it was so **scarce**. Talking of the **rice shortages**, farmers had to pay **land taxes** in the form of rice until the end of the Edo period in 1868. Most of the farmers couldn't get enough rice to eat due to shortages. Most farmers ate rice cooked with other **cereals**.

T : How unfair! Those farmers put a lot of effort and **sweat** into cultivating that rice. If I had been in their shoes, I wouldn't have carried on farming.

G : I agree with you.

T : If you were **blindfolded** and tasted different kinds of rice, could you tell the difference between them?

G : Cooked Japanese rice is rather **sticky**, and I find it the most delicious. When I was a child, my mother used to say, "If you leave a grain of rice in your rice bowl, you will be punished by the gods. You should always be grateful to the farmers and the gods." I'll show you a picture of "*Taue*." "*Taue*" means planting **rice seedlings** in **paddy fields**. A lot hard work goes into growing rice.

On their way back to Fushimi Inari Station

T : That was fun. I really like Fushimi Inari Shrine.

G : If you visit Fushimi Inari Shrine early in the morning or early evening, you can also feel the "spirits" of the forests listening to the songs of the wild birds.

T：日本のお米について知りたいです。お米は日本人の主食ですね？ 1993年の異常冷夏のために米の収穫が悪かったとの本を読んだことがあります。本には、お米の価格が平均して他の国よりも7倍も高いにもかかわらず、日本人は日本のお米に固執している、と書かれています。

G：当時、お米屋さん、スーパーマーケットの前には長い列ができました。お米が不足していたので、日本米を買うために数時間も待たなければならなかったのです。米不足といえば、1868年の江戸時代の終わりまで農民たちは土地税（年貢）はお米で納めなければなりませんでした。米不足のため、農民の大半は十分なお米が手に入らず食べられませんでした。たいていの農民はほかの穀物と一緒に炊いたご飯を食べました。

T：不公平でしたね！ 農民はお米を汗を流して栽培したのでしょう。もし私が彼らの立場におかれたら、土地を耕作しなかったでしょう。

G：私もあなたの意見に賛成です。

T：もしあなたが目隠しされて違った種類のお米を食べても、お米の違いがわかりますか？

G：炊いた日本のお米はどちらかと言えば粘っこく、私は日本米が一番美味しいと思います。 子供の頃母がよく言ったものでした。「おわんに米粒一つでも残すと神様の罰があたるよ。いつも農夫と神様に感謝しなければなりませんよ」と。「田植え」の写真をお見せしましょう。「田植え」はお米の苗を水田に植え付けることです。お米を栽培するのはかなりの重労働が必要なのです。

伏見稲荷駅に帰る途中で

T：楽しかったです。私は本当に伏見稲荷大社が好きです。

G：伏見稲荷大社を早朝かまたは夕方に参拝したら、野鳥の声を聞きながら森林の「生命の息吹」を楽しめますよ。

単語の小箱

□ staple food 主食　□ unusually cool summer 異常冷夏　□ scarce 不足している
□ rice shortages 米不足　□ land taxes 土地税　□ cereal 穀物　□ sweat 汗
□ blindfold 目隠しする　□ sticky 粘っこい　□ rice seedling 米の苗
□ paddy field 水田

瞬間英作文

1. ある伝説によれば神様が稲を背負って現れました。

2. 神社の参拝者は鳥居の前でお辞儀をすることになっています（を期待されます）。

3. 鳥居を通り抜けることで精神面のお清めができます。

4. キツネは神様のお使いです。

5. 山に住むキツネが収穫期に稲穂を取るために下りてきて、それを山の神様に捧げたので、神のお使いと見なされています。

6. 神道では八百万の神が存在すると言われています。

7. すべての重要な儀式に神が招かれ、その結果として、神社が神様を招待する神聖な場所として発展してきました。

8. 主に商人や会社から商売繁盛を祈って寄付された約 5 千基の鳥居があります。

9. それらの価格は 20 万円から 70 万円に及びます。

10. 鳥居の数は日本経済が急速に発展していたときに増加しました。

---

1. carry ... on *one's* back …を背負う　　2. bow お辞儀する
3. pass through ... …を通り抜ける　　4. divine messenger 神様のお使い
5. harvest season 収穫期　　6. myriads of gods 八百万の神
7. consequently 結果的に（その結果として）
8. prosperity of *one's* business 商売繁盛　　9. range from A to B A から B に及ぶ
10. rapidly 急速に

解答例

1. A legend says that a god appeared **carrying** a bundle of ears of rice plants **on his back**.

2. Shrine visitors are expected to **bow** in front of a *Torii* gate.

3. You can purify yourself spiritually by **passing through** a *Torii* gate.

4. The fox is a **divine messenger**.

5. A fox living in the mountains came down to get an ear of a rice plant during the **harvest season** and offered it to the mountain gods, so the fox has been considered to be a divine messenger.

6. It is said that there are **myriads of gods** in Shintoism.

7. At every important ceremony, the gods were invited in, and **consequently**, shrines developed as sacred places to invite the gods.

8. There are about 5,000 *Torii* gates which were donated mostly by merchants and companies to pray for the **prosperity of their businesses**.

9. They **range** in price **from** 200,000 yen **to** 700,000 yen.

10. The number of *Torii* gates increased when the Japanese economy was growing **rapidly**.

253

瞬間英作文

11. 伏見稲荷大社は、初詣では2番目に人気のある神社としてリストされています。

12. 注連飾りはしだの葉と「ダイダイ」といわれる苦い味のするみかんと、ほかの縁起物がついた、ねじったわらの縄の飾りです。

13. 「あげ」はキツネの耳に似ていると言われているので稲荷寿司と呼ばれています。

14. 日本人はそばを食べるときに音を立てて食べます、なぜならばそれが麺類を食べる一番美味しい方法だと考えられているからです。

15. 酒は発酵させたアルコール飲料でアルコール度は約15パーセントです。

16. 焼酎は蒸留したアルコール飲料でアルコール度は約30パーセントです。

17. 京都の伏見と兵庫の灘は酒の醸造で有名です。

18. 良質のお米と水は酒の製造には不可欠の原料です。

19. たとえ目隠しをされて異なった種類のお米を食べても、日本のお米は区別できます。

20. 「田植え」は稲の苗を水田に移植することで、初夏の梅雨期に行われます。

---

11. be listed as A Aとしてリストされる
12. decoration of twisted straw ropes よじれたわらの綱の飾り　13. fried bean curd あげ
14. slurp 音を立てて食べる　15. fermented alcoholic drink 発酵アルコール飲料
16. distilled alcoholic drink 蒸留アルコール飲料　17. brewing 醸造
18. ingredient 原料　19. be blindfolded 目隠しをされる　20. rice seedlings 稲の苗

解答例

11. Fushimi Inari Shrine **is listed as** the second most popular shrine for New Year's visits.

12. A *Shimekazari* is a **decoration of twisted straw ropes** with fern leaves, bitter oranges called "*Daidai*" and other items of good omen.

13. It's said that **"fried bean curds"** resemble a fox's ears, so this is called Inari Sushi.

14. Japanese people **slurp** when they eat buckwheat noodles, because it is considered the best way to eat noodles.

15. Sake is a **fermented alcoholic drink** with an alcohol content of 15%.

16. Shochu is a **distilled alcoholic drink** with an alcohol content of 30%.

17. Fushimi in Kyoto and Nada in Hyogo are famous for *sake* **brewing**.

18. Good quality rice and water are essential **ingredients** for making *sake*.

19. Even if I **were blindfolded** and tasted different types of rice, I could tell Japanese rice apart from the others.

20. "Taue" means planting **rice seedlings** in paddy fields and is carried out during the rainy season in early summer.

玉虫の宝庫

1 不思議の国にときめき、迷路にトリップしよう

伏見稲荷大社に外国人観光客の反応は？　よく聞かれる質問 TOP5
1. 朱色の鳥居に圧倒されて、鳥居について
2. 神様のお使いであるキツネに興味をもたれ、キツネについて
3. 名前の由来について説明すると、お米について
4. 神社としては全国第2位の初詣参拝者を誇ることを説明すると、お正月の過ごし方について
5. 神道について

伏見稲荷大社の神様とは
宇伽之御魂大神（うかのみたまのおおかみ）を主祭神とし、佐田彦大神、大宮能売大神、田中大神、四大神の五柱の神様を総称して稲荷大神と呼ばれています。これは難しくて外国人観光客には理解できないでしょうが、ガイドの知識として持っておきましょう。

伏見稲荷大社の広さは
山一つを含む広大な敷地を持つ伏見稲荷。The compound of Fushimi Inari Shrine is 870,000 square meters.（お稲荷さんの境内は、87万平方メートルあります）と言うと驚くお客様も多いです。

伏見稲荷神社の地位は
日本全国の神社には、格付けがあります。Fushimi Inari Shrine holds the highest rank among shrines.（伏見稲荷大社は最も格の高い神社です）と教えましょう。

楼門・外拝殿・内拝殿・本殿・神楽殿・権殿についての説明
本文では通訳ガイドは建物の説明をしていませんが、次に簡単に説明します。
❶楼門（Romon, Tower Gate）
The Tower Gate (Romon) was donated by Toyotomi Hideyoshi in 1589. He was praying for his mother's recovery from illness. It is one of the largest tower gates. Two figures of security guards are sitting on either side of the Tower Gate.（楼門は豊臣秀吉に1589年献納されました。秀吉公は母上の病気回復をお祈りしました。最も大きな楼門の一つです。二人の随身が楼門の両側に座っています）

❷ 外拝殿（Gehaiden, Outer Hall of Worship）

The Outer Hall of Worship is between the Tower Gate and the Haiden.（外拝殿は楼門と拝殿の間にあります）

❸ 内拝殿（Naihaiden, Inner Hall of Worship）

Right behind the Inner Hall of Worship is the Main Hall.（内拝殿の後ろには本殿があります）

❹ 本殿（Honden, Main Hall）

The Main Hall (Honden) is an important cultural property, which was rebuilt in 1499. The protruding roof at the front is in a special architectural style called Floating Style.（本殿は重要文化財で、1499年に再建されました。前に突出している独特な造りの屋根は流れ造と呼ばれています）

❺ 神楽殿（Kagura-den）

Sacred music and dancing are performed in this hall.（神聖な音楽と舞踏が繰り広げられます）

❻ 権殿（Gonden, Temporary Hall）

The Gonden (Temporary Hall) is located close to the Main Hall. This building is used as a temporary house for the god when the Honden is being repaired or rebuilt.（権殿は本殿のそばに位置します。本殿が修理されているとき、または再建中に神様の仮の住まいとして使用されます）

2 通訳ガイドからのアドバイス

観光客が建物の説明を求めていないなら無理に解説しなくてもOKです！ 興味を引くところから説明していきましょう。本文は、とても楽しくガイディングできていますね。

アドバイス1

神のお使いであるキツネのよい面を、観光客に伝えよう！

If you believe in the fox, you'll get omens before something bad happens, so that you can escape.（キツネを信じたら、不吉な兆しが前もって伝わるので、避けることができる）と言われている反面、キツネは化けて人を騙すイメージがあることも上手に語っていますね。

アドバイス2
お祭りの目的について語ろう！
The main purpose of Shinto festivals is to entertain the deities. （神道のお祭りの目的は神様を楽しませることです）の説明は大切です。

アドバイス3
初詣の参拝者が多い寺社を案内するときは、必ずお正月の説明を！
Fushimi Imari Shrine is listed as the second most popular shrine for New Year's visits. （伏見稲荷大社は2番目に新年の参拝客が多い神社です）まで話すとお正月の話になるのは当然の流れです。何でも答えられるように準備しましょう。

アドバイス4
ミニ鳥居が安く購入できる！
You can buy a miniature Torii gate. They cost ¥2500, ¥5000, or ¥10,000. （ミニ鳥居を購入できますよ。値段は2,500円、5,000円、そして1万円です）と教えてあげましょう。お土産に買う観光客も多いです。

3 通訳ガイド体験日記

●知った知識を説明したいお客様もいる
Toyotomi Hideyoshi's mother became sick and Hideyoshi donated the Tower Gate in 1589, praying for her recovery. と説明すると、観光客が "Yesterday I went to Osaka Castle." と豊臣秀吉の話を長々と話し始めたのを覚えています。こんなときは、あいづちを打ったり、"You're very well-informed!" と言って観光客と波長を合わせています。

●「わかりません」は言えません！
通訳ガイド1年生の頃、急に伏見稲荷大社の案内を依頼されことがあります。鳥居の説明等、基本的な説明はできたのですが、The fox is the god of Inari Shrine. （キツネは稲荷神社の神様です）と間違った説明をしてしまった記憶があります。
また、この日は楼門の両側に座る人のことを Who are they? と聞かれて、They are aristocrats. と的外れな返答をしたことを覚えています。They are security guards. （彼らは随身です）と答えましょう。ラッキーなことにクレームがくるどころか、アメリカに帰国されてからお礼の絵葉書をいただきました。心と心で接することができたからでしょう。

玉虫の宝庫❖伏見稲荷大社

しかし、質問されてあいまいな答えを返すことのないように、常にたくさんの知識の引き出しを持つことが大切だと感じました。通訳ガイドにとって I don't know. は禁句です。

4 ガイド英語 Q&A

質問

神道では山、岩、渓谷、池、川、すべての自然に命が宿っているので、myriads of gods（八百万の神）という表現がありますね。myriads of deities とは言えないのでしょうか？

はい、お答えします

myriads of deities は不自然な英語です。god はドイツ語由来、deity はラテン語由来で本質的な意味は同じなのですが、これはコロケーションの問題です。

5 日本事象をチェック！

- [ ] 1. 鳥居　　[ ] 5. 絵馬　　[ ] 6. 門松　　[ ] 6. 注連飾り　　[ ] 6. 年賀状　　[ ] 6. お年玉
- [ ] 7. 稲荷寿司　　[ ] 7. キツネうどん　　[ ] 7. 年越しそば　　[ ] 7. 酒と焼酎
- [ ] 8. 日本の米　　[ ] 8. 田植え

259

Chapter 10

天龍寺

天龍寺は五山第一位とされる風格のあるお寺です。夢窓疎石作の庭園は、特別名勝・史跡に指定されており、お寺に続く美しい竹林も有名です。禅仏教についてだけでなく、精進料理や書初めなどについても話せるようになりましょう。

Photo by ⓒ Tomo. Yun (http://www.yunphoto.net)

10-1 天龍寺

足利尊氏と後醍醐天皇の関係、天龍寺が創建された理由、
そして法堂の役割について

G：通訳ガイド　T：観光客

G: Tenryuji is the **headquarters** of the Zen Buddhist Rinzai Tenryuji school. First of all, I'll talk about why Tenryuji was built. The shogun Ashikaga Takauji **sided with** Emperor Godaigo, but when establishing a new government, they had a difference of opinion and he **drove** Godaigo **out of** the capital. In the end, the emperor Godaigo passed away on Mt. Yoshino. A famous priest, Muso Soseki, then advised Shogun Ashikaga Takauji to build a temple to **comfort** the spirits of Emperor Godaigo and those who were killed in the civil wars known as the "Nanbokucho Wars." Tenryuji was founded in 1339 by Ashikaga Takauji to pray for peace. Ashikaga Takauji successfully sent a **trading ship** named "Tenryuji Ship" to **Yuan-dynasty** China in order to **finance** the temple's construction.

T: I see. By the way, could you tell me where the temple's name, Tenryuji, comes from?

G: Tenryuji is written with the characters for "Heavenly Dragon Temple." Takauji had a younger brother named Tadayoshi. Ashikaga Tadayoshi had a dream in which he saw a golden dragon **ascending into the sky**, and so the temple was named "Tenryuji."

In Hatto Hall

G: This is the hall where important ceremonies are held. Look at the Suiboku-ga, or Indian ink painting, on the ceiling. This is called the "**Dragon glaring in eight directions**." The dragon is said to protect Buddhism. No matter where you are, this dragon is staring at you.

T: Could you explain Suiboku-ga, Indian ink painting?

G: Typical subjects are nature, animals, birds and flowers. Suiboku-ga are painted and much loved by Zen priests. You can find Indian ink paintings in many Buddhist temples. To the left side of the altar in the center, you can see a statue of Ashikaga Takauji, and to the right side of the altar in the center, you can see a statue of Muso Soseki.

G：天龍寺は禅仏教の臨済宗天龍寺派の大本山です。まず、天龍寺が創立された理由をお話ししますね。将軍・足利尊氏は後醍醐天皇側についていましたが、新政府樹立の際に意見が合わず、後醍醐天皇を都から追放しました。最終的には天皇は吉野山でお亡くなりになられました。そして、有名な僧侶である夢窓疎石が、将軍・足利尊氏に、後醍醐天皇の追悼といわゆる「南北朝の戦乱」で亡くなられた方々の霊を慰めるために、お寺を創建するように、助言されました。そして天龍寺は1339年に足利尊氏によって平和を願い（平和の願いをこめて）創建されたのです。足利尊氏はこのお寺の建築費を捻出するために元との交易船「天龍寺船」を派遣し成功しました。

T：なるほど。ところでこのお寺の名前「天龍寺」の由来を教えてくださいませんか？

G：天龍寺は「天の龍の寺」と書くのです。尊氏には直義という名前の弟がいました。足利直義が、金の龍が天に昇るという夢を見られたのでこの名前が付けられました。

法堂にて

G：こちらが、重要な儀式が行われるお堂です。天井にある水墨画、つまり墨絵をご覧ください。この水墨画は、「八方睨みの龍」と呼ばれています。龍は仏教を保護すると言われています。あなたが、どこにいても、この龍はあなたを睨んでいますよ。

T：水墨画について説明してください。

G：典型的な主題は自然、動物、鳥と花です。禅僧が好んで描き、禅寺に多く見られます。左側の祭壇の中央にいらっしゃいますのが将軍足利尊氏像で、祭壇右側中央には天龍寺の御開山の夢窓疎石像があります。

単語の小箱

□ headquarters 大本山　□ side with ... …の側につく
□ drive A out of B AをBから追い出す　□ comfort 慰める
□ trading ship 交易船　□ Yuan-dynasty 元　□ finance ... …を捻出する
□ ascend into the sky 空へ昇る　□ Dragon glaring in eight directions 八方睨みの龍

10-2 天龍寺

禅宗の開祖である達磨と座禅についてや、
禅仏教で大切な「掃除」と「座禅」について

In front of Bodhidharma

G：通訳ガイド　T：観光客

T: That big picture seems to be welcoming us. Who's the man in the picture?

G: He's **Bodhidharma**. Zen Buddhism was founded by Bodhidharma. According to legend, Bodhidharma sat meditating facing a stone wall for nine whole years in order to reach enlightenment. He did "Zazen" for nine years.

T: I'm interested in Zazen. Could you tell me more about Zazen?

G: Zazen is a type of religious meditation **in a sitting posture**, and is a means of reaching enlightenment. You **sit up straight** on a cushion with your right foot on your left thigh, and your left foot on your right thigh.

T: Bodhidharma did Zazen for nine years, so **obviously** he was a really determined person, wasn't he?

G: Yes. He's said to be a symbol of **patience**. What do you think is the most important thing for reaching enlightenment?

T: I think it's sitting in meditation.

G: Zazen is the second most important thing. The most important thing is cleaning. It's to clean your surroundings.

T: (Laughing) I don't like cleaning, so I'll never reach enlightenment!

G: I'm not good at cleaning either, but I make it a rule to do some cleaning every day. The word "cleaning" contains many meanings.

T: Doesn't cleaning mean cleaning the house or garden?

G: It means **purifying your mind**, too. Well, this is the entrance, so let's sit and talk on the veranda.

菩提達磨の前で

T：あの大きな絵が歓迎してくれているみたいですね。この絵の人物は誰ですか？

G：彼は菩提達磨です。禅仏教は菩提達磨が開祖です。伝説によれば、菩提達磨は9年も石の壁に向かって悟りに達するために瞑想したのです。彼は9年間、座禅をしたのです。

T：私は坐禅に興味があります。坐禅についてもっと説明してください。

G：座禅とは座して瞑想し、悟りを開くための一つの手段です。お尻に座布団をあてて座り、右の足を左足の太ももに、左の足を右足の太ももに上げ背筋をしっかりと伸ばします。

T：菩提達磨が9年も座禅したということは、本当に意志の固い人だったのですね。

G：はい。彼は我慢強い人の象徴であると言われています。ところで、あなたは悟りを開くために一番重要なことは何だと思いますか？

T：坐禅して瞑想することだと思います。

G：座禅することは二番目に大切なことです。一番大切なことは掃除することなのですよ。身の回りをきれいにすることが大切です。

T：（笑って）私は、掃除が大嫌いなので悟りに達せないですね。

G：私も掃除は苦手ですが、毎日、掃除するようにしていますよ。「掃除」にはさまざまな意味が含まれているのです。

T：掃除とは部屋を掃除したり、庭を掃除したりすることを意味するのではないのでしょうか？

G：自分の心をきれいにすることも意味します。そうですね、ここは入り口なので縁側でゆっくりお話ししましょう。

単語の小箱

- □ Bodhidharma 菩提達磨　□ in a sitting posture 座して
- □ sit up straight まっすぐ座る　□ obviously 明らかに、本当に
- □ patience 忍耐　□ purify *one's* mind 心をきれいにする

10-3 天龍寺

武士に禅宗が受け入れられた理由、
坐禅（静）と掃除（動）と悟りの関係について

Looking at Tenryuji Sogenchi Teien while sitting on the veranda

G：通訳ガイド　T：観光客

G: This is a borrowed landscape garden which **incorporates** Mt. Arashiyama, Mt. Kameyama and Mt. Ogurasan **into the scenery**. The **elegant aristocratic** culture of "Yamato-e", or Japanese paintings, combines well with Zen culture to produce a beauty which is unique to this garden.

T: I want to keep looking at it all day long.

G: Let's talk some more about Zen Buddhism. In Zen Buddhism, it's important to **feel for yourself** what is necessary. First of all, Zen Buddhism was accepted by the samurai warrior class. They always had to be prepared to go to war and die, in other words, they were always faced with decisions, and so Zen Buddhism, which requires **self-discipline**, **flourished** among them.

T: I see. Warriors can't **defeat their enemies** by relying on others, so Zen Buddhism **was embraced by** them?

G: That's right. **Reliance on others** can't lead to success. Salvation by your own efforts is important.

T: Please carry on talking about why cleaning is important in Zen Buddhism.

G: Here, cleaning means movement, in other words, working. You can reach enlightenment by working. Zazen symbolizes "**Stillness**." The combination of movement and stillness is important. It's impossible for you to reach enlightenment only by Zazen. If you can become a Buddha just by practicing Zazen, you can make a mirror by polishing a tile. It's obviously impossible, right? "Cleaning" emphasizes **invisible efforts**, too. For example, when you are cleaning your room, you hit upon an idea. That's one kind of little enlightenment.

T: Does cleaning signify purifying your mind?

G: Of course, it's important to throw away unnecessary thoughts and live with a serene mind. In order to do so, we **perform ascetic practices**.

縁側に座って天龍寺曹源池庭園を見ながら

G：ここは嵐山と亀山、小倉山を取り入れた借景式庭園です。優美な王朝の大和
　　絵風、日本文化と禅文化が融け合って独特の美しさを完成しています。

T：一日中ここで眺めていたいです。

G：禅仏教についてお話を続けましょう。禅仏教では必要なことは自分の心で感
　　じ取ることが重要です。禅仏教はまず武士階級の人たちに受け入れられまし
　　た。武将たちはいつも戦場に出て命を落とすかもしれないことを覚悟してい
　　なければならなかった、言い換えれば彼らはいつも決断に迫られていたので
　　す。だからこそ修行を必要とする禅仏教が栄えたのです。

T：なるほど。武将は他人に頼っていては敵に勝てないので、禅仏教が受け入れ
　　られたのですね？

G：そのとおりです。他力本願では成功できません。自力本願が大切なのです。

T：なぜ、掃除が禅仏教で大切なのかを続けてお話しください。

G：「掃除」はここでは、「動」つまり「働くこと」を意味します。働くことによっ
　　て悟りに達することができるのです。坐禅は「静」を象徴します。この「静」
　　と「動」の組み合わせが大切なのですよ。坐禅だけで悟りに達することはあ
　　りえません。坐禅だけで仏になれるならば、瓦を磨いて鏡を作れるでしょう。
　　できっこないですよね！ 掃除をすることは目立たない努力をする大切さも強
　　調します。例えば部屋を掃除しているとき、大切なことがひらめくことがあ
　　りますね。これも小さな悟りの一種です。

T：掃除することは心のお清めを意味するのですか？

G：もちろん、雑念を捨てて澄み切った心の状態でいることがとても大切です。
　　そのために修行するのでもあります。

単語の小箱

□ incorporate ... into the scenery …を景色に取り入れる
□ elegant aristocratic 優雅な王朝の　□ feel for *oneself* 自分の心で感じ取る
□ self-discipline 自己修養　□ flourish 栄える
□ defeat *one's* enemies 敵に勝つ（を負かす）□ be embraced by ... …に受け入れられる
□ reliance on others 他力本願　□ stillness 静
□ invisible efforts 目に見えない努力　□ perform ascetic practices 修行する

10-4 天龍寺

禅寺の和室のふすま、障子とその上に描かれている絵について

In Houjou

G：通訳ガイド　T：観光客

T: I've realized that my idea of reaching enlightenment just through "Zazen" was wrong. In order to reach enlightenment, I have to work on everything positively by cleaning my surroundings and purifying my mind.

G: This used to be the living quarters of the chief priests. We're allowed to walk around the tatami mat rooms. The size of a Japanese room is measured by the number of tatami mats.

T: How large is one tatami?

G: It's about 180cm by 90cm. A room **is measured by** how many tatami it can accommodate. 8-mat, 6-mat, and 4-and-a-half mat rooms are the common sizes. The rooms are separated by Japanese walls, paper screens, and sliding doors. Japanese sliding doors are called "Fusuma." They are covered with thick paper. Japanese sliding screens are called "Shoji." They are covered with thin white paper **on a wooden frame**.

T: I can see that the difference between "Fusuma" and "Shoji" is that Fusuma separate Japanese style rooms, and "Shoji" separate the rooms in a Japanese house from a **corridor** or veranda, right?

G: That's right. This is a Zen style room, so the decorative screen called "Byobu" is very simple.

T: Why are there no patterns or paintings on the "Fusuma"?

G: In order to relax the guests who have been led to this room and are waiting for the host.

T: Mmm. Do Japanese-style rooms have locks?

G: No, as you can see.

T: It seems that Japanese houses lack privacy, but I can see the merits of Japanese style rooms. It's easy to **enlarge** the **space available** by opening or removing the sliding doors, isn't it?

方丈で

T：「坐禅だけで悟りに達することができる」という私の考えは間違っていたことがわかりました。私は悟りを開くためには、まずは自分の身の回りを掃除し、心も清らかにし、何事も前向きに取り組みます。

G：ここは、昔は住職さんのお住まいでした。畳の部屋を歩くことを許可されています。和室の広さは畳の数で測定できます。

T：畳の大きさはどれくらいですか？

G：たて180センチで横90センチです。部屋の大きさは何畳あるかで測ります。8畳、6畳と4畳半が一般的なサイズです。部屋は壁や、紙の仕切り板や、引き戸で分けられています。和風の引き戸は「ふすま」と呼ばれています。分厚い紙が貼られています。和風の仕切り板は「障子」と呼ばれています。木の枠の上に薄い白い紙が貼られています。

T：「ふすま」と「障子」の違いは、「ふすま」が和風の部屋を分けることで、「障子」が和室を廊下や縁側と仕切ることですね？

G：そうです。これは禅寺の和室なので、屏風という名の装飾衝立はシンプルです。

T：なぜふすまには模様、つまり絵が描かれていないのですか？

G：客が部屋に通されて待っている間に気持ちを落ち着かせるためなのです。

T：なるほど。和室には鍵がついていますか？

G：ご覧のとおり、ついておりません。

T：和風の部屋はプライバシーが欠けているように思われますが、私は和風のお部屋の長所もわかります。ふすまを開けたり外したりして、使えるスペースを広げることが簡単にできるのですね。

単語の小箱

□ be measured by... …で測られる　　□ on a wooden frame 木の枠の上に
□ corridor 廊下　　□ enlarge 広げる　　□ space available 利用できるスペース

269

10-5 天龍寺

日本の気候に適した和室の作りについて

G：通訳ガイド　T：観光客

G: In addition to that, Japanese paper **is ideal for** the climate in Japan.
T: Why's that?
G: Because paper controls the **humidity** level by **absorbing and releasing moisture**. Another good point about a typical Japanese-style house is that it's made of wood, so it's an **airy structure**. Both the wood and the paper breathe. I'd like to have this kind of Japanese style room in my house. I can really relax here. Actually, I live in a small apartment which doesn't have a Japanese style room.
T: What's this **alcove**?
G: This is called a "*Tokonoma*" in Japanese. This is an important place where **hanging scrolls** or flower arrangements are placed.
T: This hanging scroll looks very simple.
G: Yes. This is called a "*Kakejiku*" in Japanese. Many *Kakejiku* are **brush-written characters** or paintings selected to suit the season or event.
T: I feel very calm in this Japanese-style room. What's the **average floor area of homes in Japan**?
G: It's about 92 square meters. The **per capita living space** in Japan is 33 square meters.
T: That's half as large as that of America.
G: The **percentage of home ownership** in Japan is about 60%. There's another weak point in addition to lack of privacy. Can you guess what it is?
T: Wooden houses aren't **fireproof**. They can easily catch fire.
G: Yes. That may be one of the reasons why this temple burned down as many as eight times. Most of the present buildings are reconstructions from the Meiji Era which began in 1868 and ended in 1912. This landscape garden remained intact. Tenryuji Sougenchi Teien was the first stroll-style garden in Japan. Shall we walk around the garden?

G：それに、和紙は日本の気候に適しているのです。

T：なぜですか？

G：紙は湿気を吸収したり出したりすることで、湿度を調整するからです。典型的な和風の家でもう一つ良い点は、木でできていて空気が通りやすくなっていることです。木も紙も呼吸しています。こんな和室が私の家にもほしいです。落ち着かせてくれますから。実は私は小さなアパートに住んでいるので和室がないのです。

T：このくぼんだ部分は何ですか？

G：これは日本語では「床の間」と呼ばれています。掛け軸や生け花などの装飾品が置かれる重要な場所です。

T：このつるされた巻物はシンプルですね。

G：はい。これは日本語で掛け軸と呼ばれています。毛筆の字や、季節や行事に応じた絵画が描かれている掛け軸が多いです。

T：この和室は心が和みますね。ところで、日本の住居の平均的な広さはどれくらいですか？

G：約92平方メートル。人口一人当たりの居住床面積は33平方メートルです。

T：アメリカの半分ですね。

G：日本での持ち家率は約60パーセントです。和風の家はプライバシーが欠けていること以外にもう一つ弱点があります。何かわかりますか？

T：木造の家は耐火性ではないので、火事になりやすいです。

G：はい。それはこのお寺が8回も火事になった理由の一つかもしれません。ほとんどの現在の建物は1868年に始まり、1912年に終わった明治時代に再建されました。しかし、このお庭は火事の影響を受けずに残りました。天龍寺曹源池庭園は日本で初めての回遊式庭園です。さあ、庭を散歩しましょうか。

単語の小箱

- □ be ideal for ... …に適している　□ humidity 湿度
- □ absorbing and releasing moisture 湿気を吸収したり出したりすること
- □ airy structure 風通しの良い構造　□ alcove 壁の一部をくぼませた空間
- □ hanging scrolls 掛け軸　□ brush-written character 毛筆の字
- □ average floor area of homes in Japan 日本の家の平均的な床面積
- □ per capita living space 一人当たりの住居床面積
- □ percentage of home ownership 持ち家率　□ fireproof 耐火性の

10-6 天龍寺

天龍寺曹源池庭園の鯉魚石についてや世界遺産に指定された理由、
奈良に庭園が少なく京都に多い理由について

In front of Shaka Nyorai (Shakamuni Gautama)

G：通訳ガイド　T：観光客

G: The main statue of this temple is of **Shakamuni Gautama**. He reached enlightenment: the ideal state. Let's pray to Shakamuni Gautama.

In front of Sogenchi Pond after praying to Shakamuni Gautama

G: The main focus of this garden is the **three-tiered dry waterfall** composed of **imposing rocks**. Though this is called a waterfall, there is no water. This is a part of the dry landscape garden. Between the first and the second dry waterfall rocks, there's a rock which is regarded as a carp rock. The carp **ascends the waterfall** to become a dragon. This is what the Chinese saying "you must make efforts and **overcome the obstacles** to be enlightened" teaches us. I see the group of rocks in the pond as a dragon, and I think that it's encouraging the carp to overcome obstacles. Use your own imagination. The most important thing in Zen Buddhism is to think and feel for yourself.

T: I feel I'm getting to understand Zen Buddhism.

G: The reason why this was listed as a World Heritage Site by UNESCO is that it's the oldest garden combining aristocratic culture and Zen culture.

T: I went on the One-Day Nara Tour. Why are there fewer gardens there than in Kyoto?

G: In the Nara Era, Buddhist statues were large and they had outdoor ceremonies, so they couldn't create gardens. In the Heian Era, Buddhist statues became smaller and summers were really hot in Kyoto because Kyoto is **in a basin**. So, it can be said that gardens were created to make the hot summers cooler; for example, the water of the ponds helps to improve the **circulation of the air**.

釈迦如来像の前で

G：天龍寺の本像は釈迦如来様です。釈迦如来様は悟りを開かれ理想的な境地に
達せられています。釈迦如来様にお祈りしましょう。

釈迦如来像に拝んだ後、曹源池の前で

G：この庭の大切な部分は大きな岩組みで三段の滝を造っているところです。滝
といえども水がなく、これは枯山水の一部です。一段目と二段目の滝の石組
みの間には鯉になぞらえた石があります。鯉は龍になるために滝を登ります。
これは中国の故事にある「悟りに達するためには努力をし、障害を克服しな
ければならないこと」を教えてくれます。私は池の中の一群の岩を龍と見な
します。そして鯉魚石を障害に打ち克つよう励ましていると考えます。あな
たも想像力を働かせてください。禅仏教で大切なのは自分で考え、感じ取る
ことなのです。

T：だんだん禅仏教がわかってきたような気がします。

G：ユネスコ世界文化遺産に指定された理由は、貴族文化と禅文化が溶け合った
最古のお庭だからです。

T：私は奈良1日観光にも行きましたが、奈良には京都に比べて庭園が少ないの
はなぜですか？

G：奈良時代には仏像が大きかったし、外で儀式を行ったので、庭園を造れなかっ
たのです。平安時代には仏像が小さくなりましたし、京都は盆地なので夏は
とても暑いです。ですから、暑さを少しでもしのぐために庭園に池が造られ
たともいえます。例えば池の水は空気の循環をよくします。

単語の小箱

□ Shakamuni Gautama 釈迦如来　□ three-tiered dry waterfall 三段の滝
□ imposing rocks 大きな岩　□ ascend the waterfall 滝を登る
□ overcome an obstacle 障害を克服する　□ in a basin 盆地である
□ circulation of the air 空気の循環

273

10-7 天龍寺

精進料理の意味、京都の名産品である豆腐、ゆば、レンコンについて

In a Japanese "Shojin cuisine" restaurant

G：通訳ガイド T：観光客

G: Shojin cuisine was originally a special kind of vegetarian dish for Buddhist monks, containing neither fish nor meat. This follows the Buddhist prohibition against killing animals. "Shojin" means "improving the soul." It's very important to keep the harmony between the soul and nature.

T: Wow! There are so many beautifully arranged little dishes!

G: Some of the vegetables are chosen according to the season, so they are fresh. This is "Tofu." Tofu is also the **basis** for various kinds of cuisine. Tofu has been enjoyed as part of Buddhist vegetarian cuisine. Kyoto is famous for its high quality Tofu.

T: Why is Kyoto famous for Tofu?

G: The excellent, **soft well water** is said to **contribute to** the high quality of its Tofu.

T: Tofu is one of the best-known Japanese foods, isn't it?

G: Yes, many people think that **soybean processed foods** originated in Japan, but it's not true. Buddhist monks in China played an important role in developing soybean foods. Since they **were forbidden to** eat fish or meat, they needed some form of protein. It's said that some Japanese people who went to China brought Tofu, "*Miso*" and soy sauce back to Japan in the 8th century. Soy sauce, called "*Shoyu*," is an **essential seasoning** for Japanese cooking.

T: What's this yellowish thing? Is this Tofu or egg?

G: That's "*Yuba*." It's the film that forms on the surface of boiled **soymilk**. *Yuba* is also a specialty of Kyoto. You can buy it fresh or dried.

T: What's this with holes in it?

G: That's a lotus root. You can **see into your future** through the holes in **lotus roots**.

T: It's a lucky food!

「精進料理」の店で

G：精進料理は本来は僧侶のための特別なベジタリアン料理で、肉も魚も含まれていません。仏教では動物を殺してはいけないという考えに従っています。「精進」は「精神を向上させること」を意味します。精神と自然の調和を保つことは大切なのです。

T：すごい！ たくさんの種類の料理が美しく盛り付けられているのですね。

G：季節に合わせて選ばれている野菜もあるので、新鮮なのです。これが「豆腐」です。「豆腐」はさまざまな料理の基本でもあります。豆腐は仏教の菜食料理の一つとして食べられています。京都は高品質の豆腐で有名です。

T：なぜ京都は豆腐が有名なのですか？

G：軟水である京都の良質な井戸水のおかげで、高品質の豆腐ができるのだと言われています。

T：豆腐は最も代表的な日本食の一つですね？

G：はい。多くの人は大豆加工品は日本で生まれたと考えていますが、それは事実ではありません。中国の仏僧が大豆食品を開発するのに重要な役割を果たしました。僧侶は魚や肉を食べることを禁じられているので、たんぱく源が必要だったのです。中国に行った僧侶の数人が「豆腐」と「味噌」と「醤油」を8世紀の日本に持ち帰ったと言われています。「醤油」と言われる大豆のソースは日本料理には不可欠な調味料です。

T：この黄色がかった物は何ですか？「豆腐」か「卵」ですか？

G：これは「ゆば」です。加熱した豆乳の表面にできる膜です。ゆばも京都の特産物です。生ゆばとしても、干しゆばとしてもお買い求めいただけます。

T：穴の開いたこれは何ですか？

G：これはレンコンです。レンコンの穴から未来が見えますよ。

T：縁起の良い食べ物ですね。

単語の小箱

☐ basis 基本　☐ soft well water 軟水の井戸水　☐ contribute to ... …のおかげである
☐ soybean 大豆　☐ processed food 加工食品　☐ be forbidden to ... …が禁じられる
☐ essential seasoning 不可欠な調味料　☐ soymilk 豆乳
☐ see into *one's* future 未来を見通す　☐ lotus root レンコン

275

10-8 天龍寺

平和観音と硯石について

In front of the Peace Kannon after praying to the statue of Emperor Godaigo

G：通訳ガイド　T：観光客

G: The mother of the founding priest of Tenryuji Temple, Muso Soseki, had a dream about Kannon Bodhisattva and after that she **gave birth to** Muso Soseki. As I explained to you, Soseki was the person who advised Takauji to build Tenryuji Temple. He contributed a lot to building a peaceful society, so this Peace Kannon was built here to pray for peace.

T: Mmm. By the way, the frog statues are very cute. Does a frog signify something important?

G: Frog is "Kaeru" in Japanese. "Kaeru" means "return," so it can be interpreted as good things returning to you. You can find charms in the shape of a frog at the souvenir shop. Keeping it in your wallet will bring you good fortune. Even if you spend your money, it'll return to you.

T: I see. I guess it means that you'll **become clever with your money**.

In front of a big Indian ink stone

G: This is an Indian ink stone called a "Suzuri". It's said if you pray to this, you can **make remarkable progress** in **Chinese calligraphy**. "Suzuri" is an Indian ink stone. Put a little water in the recessed part, and rub the ink stick to produce Indian ink for Shodo.

T: Can you please tell me a little bit about "Shodo"?

G: "Shodo" is translated as "calligraphy." You should place a particular emphasis on the shade of the ink. The **movement of the brush** and the **combination of strokes** are important, too. Calligraphy is a creative art form which can express spiritual depth and beauty. It's been getting less popular but it's an important part of Japanese culture. On the second of January, some people write New Year's **resolutions**, happy words or phrases while facing the **auspicious direction** for that year. This is called "*Kakizome*" in Japanese.

多宝殿で後醍醐天皇像を拝んだ後で、平和観音の前で

G：天龍寺の開山、夢窓疎石の母が観音菩薩の夢を見て、それから夢窓疎石を出産しました。ご説明いたしましたように、疎石は尊氏公に天龍寺を創建するように助言した人です。彼は平和な社会を作るために多大なる貢献をしましたので、この平和観音は平和を祈るために、ここに建てられました。

T：なるほどね。ところで蛙の置物はとても可愛いです。蛙は何か重要なことを意味しますか？

G：蛙は日本語で「かえる」です。「かえる」は「戻る」を意味しますので、良いものはあなたの元に戻ってくると解釈できます。お土産屋さんで蛙の形のお守りを見つけられますよ。財布の中に入れて持つと幸運をもたらすと言われています。お金を使っても、戻ってくるでしょう。

T：なるほど。それはお金を上手に使えるようになることを意味するのですね？

大きな硯石の前で

G：これは「硯」と言われているインク石です。あなたがこれに向かってお祈りしたら、お習字がとても上手になると言われていますよ。

T：「硯」について説明してくださいませんか？

G：「硯」は墨の石です。くぼんだ部分に水を入れて、インクの棒をその硯石の上で擦って書道のための墨汁を作るのです。

T：「書道」についてお話ししていただけませんか？

G：「書道」は「calligraphy」と訳されます。墨汁の濃淡を強調しなければなりません。同様に、運筆、筆跡の組み合わせなどが大切です。書道は精神面での深さと美しさを表現する創造的な美です。人気はなくなりつつありますが、重要な日本文化です。1月2日にその年の吉方を向いて新年の決意、めでたい文字や言葉を書きます。これは日本語では「書き初め」と言われています。

単語の小箱

- [ ] give birth to ... …を出産する　[ ] be(come) clever with *one's* money お金を上手に使う
- [ ] make remarkable progress 著しく上達する　[ ] Chinese calligraphy 習字
- [ ] movement of the brush 運筆　[ ] combination of strokes 筆跡　[ ] resolutions 決意
- [ ] auspicious direction 吉方

付録 竹林・渡月橋・岩田山モンキーパーク

竹の生命力や竹細工、渡月橋の名前の由来、
岩田山モンキーパークについて

In the bamboo forest after leaving Tenryuji

G：通訳ガイド　T：観光客

G: The whole of Arashiyama used be within the compound of Tenryuji Temple.
T: I see. I've totally fallen in love with this bamboo forest. The air is so clean.
G: Many tourists say that this bamboo forest was the most impressive place for them. Bamboo crafts developed by using the **raw materials** in this area. Bamboo crafts can be used in the tea ceremony and flower arrangement. Bamboo is a symbol of vitality, because it grows very quickly.

Near Togetsu-kyo Bridge

G: This bridge is named "Togetsu-kyo Bridge" It literally means "Crossing the moon." Emperor Kameyama wrote a poem in which he said that the moon seemed to be crossing the bridge and after that it came to be called "Togetsu-kyo." This bridge has often been used as a location for **historical films**. Our next destination is Mt. Iwata Monkey Park. Tom Cruise visited this mountain and it became one of his favorite views. There are as many as 150 wild monkeys here.

On Mt. Iwata Monkey Park after climbing for half an hour

T: Wow! There are some mother monkeys carrying their cute babies!
G: **Childbearing season** is from the end of March to July.

On the viewing platform

G: You can get a view of the whole city here.
T: Today I learned about Japanese history and culture, and took in a lot of nature. It was an unforgettable experience!

天龍寺を出て竹林で

G：昔は、嵐山全体が天龍寺の境内だったのですよ。

T：なるほどね。私はこの竹林に恋をしてしまったような気がします。空気がきれいですね。

G：多くの旅行者が、竹林が最も印象深い場所だと言います。竹細工はこの地域の材料を使用することで発展しました。竹細工を茶道や生け花で使えます。竹はとても早く生長するので力強さの象徴です。

渡月橋のそばで

G：この橋は「渡月橋」と呼ばれています。それは文字通りには「月が橋を渡る」を意味します。亀山天皇が「月があたかも橋を渡っていくように見える」と和歌に詠みました。そしてそれ以降、「渡月橋」と呼ばれるようになりました。この橋は時代物の映画の1シーンで、よく使われています。私たちの次の目的地は岩田山モンキーパークです。トム・クルーズはこの山を訪れて、この景色は彼の最もお気に入りの場所になりました。150匹の野生のサルがいます。

半時間登山して岩田山のモンキーパークで

T：すごい！お母さんザルが可愛い子供たちを抱いています。

G：3月の下旬から7月にかけては出産時期なのです。

展望台で

G：京都の全景観を楽しめますよ。

T：今日は日本の歴史と文化を学べたし自然も満喫できました。忘れられない経験でした！

単語の小箱

☐ raw materials 原材料　☐ historical film 時代物の映画
☐ childbearing season 出産時期

瞬間英作文

1. 天龍寺は平和を祈るために、足利尊氏によって 1339 年に創建されました。

2. 彼はお寺の建築費を捻出するために、交易船を中国に送りました。

3. 「八方睨みの龍」は有名です。

4. 座禅とは座して（宗教的な）瞑想することです。

5. 大切なことは自分で感じ取りなさい。

6. 禅仏教は武士（サムライ）たちに受け入れられました。

7. 他力本願は成功へと導かないと考える人達もいます。

8. 自力本願の重要性を知る必要があります。

9. 動と静の組み合わせを感じ取れますか？

10. 修行することが大切です。

---

1. pray for peace 平和を祈る　　2. trading ship 交易船
3. "Dragon glaring in eight directions" 八方睨みの龍
4. in a sitting posture 座して　　5. feel for *oneself* 自分で感じ取る
6. be embraced by... …に受け入れられる　　7. reliance on others 他力本願
8. salvation by *one's* own efforts 自力本願
9. stillness 静けさ　　10. perform ascetic practices 修行すること

解 答 例

1. Tenryuji was founded in 1339 by Ashikaga Takauji to **pray for peace**.

2. He sent a **trading ship** to China to finance the temple's construction.

3. The **"Dragon glaring in eight directions"** is famous.

4. Zazen is a type of religious meditation **in a sitting posture**.

5. **Feel for yourself** what is important for you.

6. Zen Buddhism **was embraced by** samurai warriors.

7. Some people think that **reliance on others** can't lead to success.

8. It is necessary to know the importance of **salvation by your own efforts**.

9. Can you feel the combination of **stillness** and movement?

10. It is important to **perform ascetic practices**.

瞬間英作文

11. 方丈はかつては住職さんのお住まいでした。

12. ふすまを開けたり外したりして簡単に使えるスペースを広げることができます。

13. 紙は湿気を吸収したり出したりすることで、湿度を調整します。

14. 日本人口一人当たりの居住床面積は 33 平方メートルです。

15. 日本の持ち家率は約 60 パーセントです。

16. 悟りに達するためには障害を克服しなければなりません。

17. 池の水は空気の循環をよくします（よくするのを助けます）。

18. 醤油と味噌は日本料理には不可欠な調味料です。

19. 私たちは 1 月 2 日にその年のおめでたい方向に向かって新年の決意を書きます。

20. 渡月橋は時代物の映画の 1 シーンで使われます。

---

11. living quarters 住まい　　12. enlarge 広げる
13. absorbing and releasing moisture 湿気を吸収したり出したりすること
14. per capita living space 人口一人あたりの居住床面積　　15. home ownership 持ち家率
16. overcome an obstacle 障害を克服する　　17. circulation of the air 空気の循環
18. essential seasoning 不可欠な調味料　　19. New Year's resolution 新年の決意
20. historical film 時代物の映画

解 答 例

11. Hojo used to be the **living quarters** of the chief priests.

12. You can **enlarge** the space available by opening or removing the sliding doors easily.

13. Paper controls the humidity level by **absorbing and releasing moisture**.

14. The **per capita living space** in Japan is 33 square meters.

15. The percentage of **home ownership** in Japan is about 60%.

16. You have to **overcome the obstacles** to become enlightened.

17. The water of the ponds helps to improve the **circulation of the air**.

18. Soy sauce and Miso are **essential seasonings** for Japanese cuisine.

19. We write **New Year's resolutions** while facing the auspicious direction for that year on January 2nd.

20. Togetsu-kyo Bridge is used as a location for **historical films**.

玉虫の宝庫

1 五山第一位　風格のある天龍寺を案内しよう

天龍寺での外国人観光客の反応は？
① 達磨の絵について　玄関に入るとすぐに目に付くので観光客の注意を引きます。
② 日本家屋について　大方丈の和室を自由に歩けるので観光客はとても喜びます。
③ 曹源池について　絵のような景色に観光客は感動します。

❶ 法堂　　　　重要な儀式が行われるお堂で雲龍図は天龍寺のシンボルです。
❷ 方丈　　　　住職のお住まいでした。大方丈は明治33年、書院（小方丈）は大正13年の建築です。
❸ 曹源池庭園　日本初の回遊式庭園で、嵐山と亀山と小倉山を取り入れた借景式庭園です。大和絵文化と禅文化が溶け合い独特の美が感じられます。
❹ 釈迦如来　　制作は天龍寺の創建よりはるかに古く、当初からの伝来は不明です。
❺ 多宝殿　　　後醍醐天皇が祀られています。昭和9年に再建されました。

2 通訳ガイドからのアドバイス

アドバイス1
難しい概念も実生活に例えて説明を！
The most important thing is cleaning. The second most important thing is Zazen.（一番重要なことは掃除［動］です。二番目に重要なことは座禅［静］です）と、身の回りだけでなく、心も清らかにすることの大切さを伝えていますね。通訳ガイドとして一方的に話すのではなく、観光客の心を読み取って会話しましょう。10-6 では曹源池の鯉魚石を見て自分なりの解釈をしながら The most important thing in Zen Buddhism is to think and feel for yourself.（禅仏教で一番大切なのは自分で感じ取ることなのです）と説明しているところがいいですね。

アドバイス2
生命の息吹きを感じられる日本家屋の長所もアピール！
10-5 で Both the wood and paper breathe.（木も紙も呼吸しているのですよ）の表現をガイディングに取り入れましょう。

アドバイス3
イメージが湧く説明で、わかりやすく！
奈良に比べて京都に庭が多い理由を聞かれ、奈良時代の仏像は大きかったので広い場所が必要だったのに対し、平安時代には仏像が小さくなり京の都は暑かったので庭を作ったと話しています。とても説得力がありますね！

アドバイス4
料理は前日にメニューを聞き、説明の練習を！ 特産物の説明は特に大切！
食材（ingredients）や調理法（recipe）などを観光客から問われることが多いです。相手に馴染みのないものを説明するのは、なかなか難しいですね。例えば、本文中のゆばの説明を確認しましょう。It's the film that forms on the surface of boiled soymilk. Yuba is also a specialty of Kyoto. You can buy it fresh or dried.（これは加熱した豆乳の表面に形成された膜です。ゆばは京都の特産物です。生ゆばとしても、干しゆばとしてもお買い求めいただけます）

3 通訳ガイド体験日記

●歴史の得意な観光客から教えられる……
新人ガイドの頃、天龍寺の創建の理由を説明すると、歴史の得意なアメリカ人から "In the old days, historically important people who died in unfortunate circumstances were considered to be able to bring plagues and earthquakes, so this temple was built, right?"（昔は不運な境遇の中で死亡した歴史上重要な人は疫病や地震をもたらすと考えられていたから、このお寺は建てられたのですね？）と質問されて、"I'm not sure" と答えたことがあり、会話が続かなくなったことがあります。理由はひとつだけとは限りませんから、このアメリカ人観光客の解釈も正しいのです。もっと勉強しようと反省しました。

4 ガイド英語Q&A

質問

It was an unforgettable experience!（忘れられない経験でした！）より It'll be an unforgettable experience（忘れられない経験になるでしょう）が正しいのでは？

はい、お答えします

英語ではこれからの（未来の）経験について語っていない場合は決して "It'll be an unforgettable experience." とは言いません。

5 日本事象をチェック！

- □ 1. 水墨画　□ 2. 菩提達磨　□ 2. 坐禅　□ 4. 和室　□ 4. 畳　□ 4. ふすま
- □ 4. 障子　□ 5. 人口一人当たりの居住床面積　□ 5. 床の間　□ 5. 掛け軸
- □ 5. 持ち家率　□ 7. 豆腐　□ 7. ゆば　□ 7. レンコン　□ 8. かえる　□ 8. 書道
- □ 8. 硯　□ 8. 書初め

あなたもオリジナルのツアーを作りませんか？

　ここまで勉強を終え、もう通訳ガイドとして自信を持ってお仕事をしていただけると思います。ここではもう少し踏み込んで、あなたの京都案内をワンランクアップさせる個性的なルートを考えてみましょう。外国人観光ツアーのスケジュールにはあまり組まれていないのですが、2月の寒い日にお客様をご案内して喜ばれたのは下鴨神社、上賀茂神社、北野天満宮、東寺のコースでした。

　下鴨神社では日本の国歌の歌詞に登場する細石をお見せし、糺の森のすべてのものに生命の息吹きを感じてもらうことができました。

　神道の神様ってなんだろう？　と不思議に思う外国人観光客が多いのですが、森羅万象、八百万の神を理解していただけたのです。大安日だったので角隠しをつけた白無垢姿の花嫁さんや袴姿の花婿さん、盛装したその親族のみなさんを見ていただくこともできました。

　上賀茂神社では鬼門と立砂の説明に興味を持っていただきました。

　桜が七分咲きの北野天満宮を訪れる、合格祈願の受験生とそのご両親にも、日本の文化を感じていただけました。

　最後に訪れた東寺は、毎月21日に弘法市が開かれます。出店の賑わいを楽しんでいただけました。

　またMade in Japan のお買い物がしたいとおっしゃったので、私の家のそばの高槻のデパートでのバーゲンセールにお連れしました。2,000円のLLサイズの素敵なセーターを5枚もお買い上げになりました。大きなサイズの衣類は日本では売れ残ってバーゲンになることが多いですね。そして100円ショップでスリッパや小物入れなどを購入されました。こういったお店も日本人には当たり前ですが外国人には珍しく見えるものです。夕食はホテルのバイキングにしました。中華料理、イタリア料理、インド料理など多国籍の料理ですが、どれも日本らしくアレンジされた味付けなので、ここでも日本の文化を経験していただけました。

　さあ、それでは下鴨神社、上賀茂神社、北野天満宮、東寺へご案内しましょう。

>>> 世界文化遺産 下鴨神社

[ご祭神]

Shimogamo Shrine is dedicated to Kamotaketsunomi-no-mikoto and his daughter Tamayorihime-no-mikoto. Kamotaketsu-no-minomikoto is worshipped as the founding god of Kyoto and is enshrined in the west sanctuary. Tamayorihime-no-mikoto is worshipped as the goddess of good matches and childbearing and is enshrined in the east main sanctuary.

Both of them are believed to have contributed greatly to the development of Kyoto.

<日本語訳>下鴨神社には賀茂建角身命（かもたけつのみのみこと）と玉依媛命（たまよりひめのみこと）が祀られています。賀茂建角身命は京都の創始者とし崇められ西殿に祀られています。玉依姫命は良縁と子育ての神様として崇められ、東本殿に祀られています。

共に京都の発展に多大なる貢献をしたと信じられています。

[歴史]

It isn't clear when Shimogamo Shrine was built. According to the records, the fence around the shrine was repaired in the second century B.C. Judging from this, it seems that the shrine was a place of worship before the second century B.C. The present main hall was rebuilt in 1863. Most of the buildings were rebuilt in 1628.

<日本語訳>下鴨神社がいつ創建されたかは定かではありません。記録によれば神社の周りの囲いは紀元前 2 世紀に修繕されたことになっています。このことから判断すると、この神社は紀元前 2 世紀から参拝する場所となっていたと思われます。本殿は 1863 年に再建されました。ほとんどの建物は 1628 年に再建されました。

[玉依媛命が、良縁と子育ての神様とされる理由]

Tamayorihime was purifying herself in the Kamo River when an arrow floated down river towards her. She took it back home and put it on her bed. The arrow turned into a male deity. She married the deity and had a baby. Later the boy grew up to be a thunder god.

<日本語訳>玉依媛命が鴨川で禊（身を清める儀式）を行われていると、1 本の矢が流れてきました。玉依媛命は、それを持ち帰り床に置かれました。その矢は美しい男神になられました。玉依媛命は、その男神と結婚し男の子が生まれたとのことです。後にその男の子は雷神となりました。

[君が代の細石から神道を理解しよう]

This rock is featured in the Japanese national anthem. Here are the words: "May the Emperor's reign continue for a thousand, for eight thousand generations until the pebbles grow into boulders, until moss grows on the boulders." This expresses the wish that the Imperial reign will continue forever. In Shintoism spirits are believed to live even in rocks. Consequently, a pebble grows larger and larger, into a boulder. There's a Shimenawa tied around that big tree because a god is believed to live in it.

<日本語訳>この石は日本の国歌で重要な位置をしめます。歌詞をご紹介します。「君が世は、千代に八千代に、さざれ石の巌となりて苔のむすまで」これは天皇の治世がいつまでも続くことを願った詩です。神道では岩にさえ魂が宿っていると考えられています。したがって、小石が成長し大きくなり岩になります。神が宿っていると信じられているので注連縄が結ばれています。

[相生社　結納用品ご祈祷から神道の考えを理解しよう]

Yuino is the ceremonial exchange of engagement gifts between the families of engaged couples. Engagement gifts are cash and objects which symbolize happiness such as Kombu, dried cuttlefish, and bonito. They are placed on a decorated stand. You can offer old decorated stands to a shrine. It is believed that a deity lives in an old decorated stand. That's why you should ask a shrine to pray over it and dispose of it.

<日本語訳>結納は婚約しているカップルの家族間が取り交わす儀式的な婚約の贈り物の交換です。結納の贈り物は現金と、昆布とするめや鰹など幸福の象徴です。それらは装飾された台の上に乗せられます。飾りのついた古い台は神社に納められます。古い装飾台には神様が住んでいるとも考えられています。ですからご祈祷してから処理してもらうように、神社に頼まなければなりません。

[霊璽社と印鑑から神道を理解しよう]

It is said that the guardian deity of official seals and contracts lives in Reiji Shrine. The role of the official seal is the same as that of your signature in Western countries. Some Westerners think that seals can be forged very easily. We have our "Jitsuin" which is a seal registered at a local government office. We use "Jitsuin" for important transactions. It's almost impossible to counterfeit "Jitsuin". Official seals are also regarded as good luck charms. When it gets chipped, you have to get a new one. You can give the old one to this shrine. This shrine will dispose of it for you. A spirit lives in your official seal, too. Things such as official seals and ceremonial sets shouldn't be thrown away with the garbage. They should be prayed over and then disposed of.

<日本語訳>霊璽社には正式な印鑑や契約書の守護神が住んでいると言われています。印鑑は西洋諸国の署名と同じ役割を果たします。西洋人の中には簡単に偽造

できると思っている人がいますね。私たちは地方の役所に実印という印鑑を登録しています。私たちは重要な取引に実印を使います。実印を偽造することは不可能に近いです。印鑑はお守りとも見なされます。印鑑が欠けたら、新しい印鑑を入手しなければなりません。あなたは古い印鑑をこの神社に納めることができます。この神社はあなたの古い印鑑を処理してくれます。印鑑にも魂が宿っています。正式な印鑑や儀式のセットなどはゴミと一緒に捨ててはいけません。ご祈祷し、それから処理するべきなのです。

[平木神社とヒイラギの木]

The deity of the soil, Susanoonomikoto, is enshrined here. No matter what tree was planted here, the tree grew into a holly tree. Susanoo-no-mikoto is also worshipped as the god of good fortune and exorcism. He's also said to be the god of tea ceremony.

<日本語訳>土地の神様のスサノオノミコトがここに祀られています。どのような木をここに植えてもヒイラギの木のように成育したのです。スサノオノミコトは幸運と厄払いの神様としても拝まれます。また、茶道の神様とも言われています。

[十二単衣のおみくじから平安貴族たちの生活を想像しよう]

Shimogamo Shrine has colorful fortune telling papers called "Omikuji" in the shape of a twelve-layered kimono. The twelve-layered kimono was formal dress for court ladies during the Heian era (794-1191). It must have been uncomfortable for the court ladies to move around in it, but they put more emphasis on outward appearances than practicality.

<日本語訳>下鴨神社には十二単衣の衣装の形をした運勢を告げる「おみくじ」があります。十二単衣は平安時代の宮廷の女性たちのフォーマルな衣装です。貴族たちは十二単衣を着用して動きにくかったに違いありませんが、貴族は実用性よりも外見を重んじたのです。

[みたらし団子の発祥の地の御手洗池を楽しく説明しよう]

Mitarashi dumplings originated in this Mitarashi Pond. It's said that pure water wells up here for a certain period. During this time, natural bubbles appear. Mitarashi dumplings were modeled on the shape of these natural bubbles.

<日本語訳>みたらし団子の発祥の地はこの御手洗池です。清らかな水が一定の期間、湧き出ると言われています。この期間中、自然の泡が湧き出ます。みたらし団子は自然の泡をモデルにして作られたものなのです。

>>> 世界文化遺産 上賀茂神社

[ご祭神]

Kamigamo Shrine is dedicated to Kamowake Ikazuchi, the deity governing natural forces. This deity is the guardian of electricity and drives away evil spirits.

<日本語訳>上賀茂神社には、自然をつかさどる賀茂別雷神がお祀りされています。この神様は電気の守り神で、厄を払います。

[歴史]

Kamigamo Shrine was founded in the "age of the myths". The main shrine was built in 678. Both the present main shrine and front shrine (Hall of Worship) were rebuilt in the late 19th century. The other buildings were rebuilt in 1628.

<日本語訳>上賀茂神社は神話時代に創建されました。本社は 678 年に建てられました。現在の本殿と拝殿は 19 世紀後半に造り替えられたと言われています。ほかの建物は 1628 年に造り替えられました。

[立砂と鬼門]

The two cone-shaped sand mountains are called "Tatesuna." The word "Tate" signifies an appearance of a deity. These cone-shaped mountains are modeled on the sacred mountain where the deity of this shrine appeared for the first time.

The custom of scattering salt on the "demons' gate" originated here. The northeast is considered to be the "demons' gate" according to Yin-Yang beliefs. It is said that because Kamigamo Shrine was located to the northeast of the old Imperial Palace, these "Tatesuna" were created here. It's believed that a strong deity called "Kanjin" lives in the northeast. This deity must be treated with care and we must keep things clean, so we need to purify this direction.

It's said that toilets, kitchens, and entrances shouldn't be built in the northeast. Toilets are regarded as dirty places. We use fires in the kitchen. Using fire is, in a sense, dangerous and might cause a bigger fire. An entrance should be built in a light place, because the sunlight is believed to purify everything.

<日本語訳> 2 つの円錐型の砂山は「立砂」と呼ばれています。「たて」は神様が降りてこられたこと（よりしろ）を意味します。これらの円錐型の 2 つの砂の山はこの神社の神が最初におりてこられたご神体である神山を模したものです。

鬼門に塩をまく習慣はここで始まったと考えられています。北東は陰陽道によれば「鬼門」と考えられています。上賀茂神社は創建当時の京都御所の北東に位置

293

していたので「立砂」が作られたとも言われています。北東は、「金神」と呼ばれる強い神がいると信じられています。その神は丁重にもてなされなければなりませんし、常に美しく保たれなければなりません。だから私たちはこの方向をお清めしなければならないのです。

トイレ、台所、玄関はこの方向に建築されるべきではないと言われています。トイレは不浄な場所と見なされています。私たちは台所で火を使います。ある意味では火を使うことは危険で大火事を引き起こすかもしれないのです。玄関は明るい場所に建てられるべきです。なぜならば太陽の光はすべてのお清めをするからです。

[葵祭]

The Aoi Festival is one of the three biggest festivals in Kyoto. In the middle of the 6th century harvests were poor due to storms and flooding. It was found out by divination that the deities of Kamo were angry because they were not getting enough worship. The emperor sent a messenger on a horse with hollyhocks and a bell to appease the anger of the deities. This was the origin of the Aoi Festival. The Aoi Festival is held on May 15. It's a gorgeous procession of people in Heian era costumes. Hollyhock leaves are used to decorate the heads of the participants. "Hollyhock" is "Aoi" in Japanese. The hollyhock is a symbol of "encounter". It looks like an aristocratic Heian painting on a beautiful scroll. The woman on the ox carriage is chosen from the general public every year. In the Heian era, a daughter of the Imperial family would sit on the ox carriage. The procession makes its way from Kyoto Imperial Palace to Shimogamo Shrine and Kamigamo Shrine. 500 people participate in this eight-kilometer procession.

<日本語訳>葵祭りは京都の三大祭りの一つです。6世紀中ば、嵐と洪水のために五穀が実りませんでした。占いによると賀茂の神々に対する崇拝が足りないのでお怒りだったことがわかりました。天皇は神々の怒りを静めるために鈴と葵のつけた馬に使者を乗せて使者を送りました。これが葵祭りの起源です。葵祭りは5月15日に行われます。平安時代の衣装に身をまとう人々の行列は豪華です。葵の葉は参加者の頭を飾るのに使用されました。"Hollyhock" は日本語では「葵」を意味します。葵は「出会い」の象徴です。美しい平安貴族の絵巻のようです。牛車に乗っている女性は毎年一般人から選ばれます。平安時代には皇室の娘が牛車に乗っていました。行列は京都御所から下鴨神社、上賀茂神社へと続きます。500人の人々がこの8キロメートルにおよぶ行列に参加します。

北野天満宮

[ご祭神]
Sugawara Michizane, a 9th century scholar, is enshrined here. He is revered as the patron of learning. Michizane was at first especially favored by Emperor Uda, but later he was exiled to Kyushu as a result of a plot by a rival and died in exile in 903. After his death, a series of natural catastrophes and epidemics followed. Seven big earthquakes did great damage to Kyoto. People thought Michizane had turned into thunder and they decided to enshrine him not only to appease his anger but also to venerate him. He was greatly respected for his great learning and good judgment.

<日本語訳> 9 世紀の学者の菅原道真公が祀られています。道真公は学びの守護神とされています。道真公は宇多天皇に寵愛されていましたが、後に政敵の陰謀によって九州に流され、903 年に他界しました。彼の死後、自然災害や風土病が続きました。大きな地震が 7 回も起こり京都に被害を与えました。人々は道真公が雷になったのだと思い、道真公の怒りを鎮めるだけでなく、敬うために祀ることを決めました。彼は優れた学問と正しい判断の持ち主なので尊敬されていました。

[歴史]
The shrine was founded in 947 to enshrine Sugawara Michizane.
<日本語訳> 本社は菅原道真公を祀るために 947 年に創建されました。

[見所①三光門]
The upper sides of the central gate bear sculptures of the sun, the moon, and the stars.
<日本語訳> 中央門の上部には太陽、月、星の彫刻がなされています。

[見所②撫で牛と学業成績]
Several statues of oxen are enshrined in the compound, because Sugawara Michizane was born in the year of the ox. The oxen in the compound are very popular among students, because it is said that if you pat the head of a cow, your marks will improve. Kitano Tenmangu is a shrine mainly known as a place to pray for success in entrance examinations. During the winter examination season, long lines of students and their parents receive their lucky charms.
<日本語訳> 菅原道真公は丑年の生まれなので数頭の牛が鎮座しています。境内の牛の頭を撫でると成績が上がるといわれているので、学生の間ではとても人気があります。北野天満宮は主として入学試験の合格を祈願する場所です。冬の試験の季節にはお守りをいただく生徒と親の列ができます。

》》 東寺

[起源と歴史]
Emperor Kanmu established the capital in Kyoto in 794 and built Toji Temple in 796 as a temple to guard its eastern side. About 30 years later, Emperor Saga honored the founder of the Shingon Sect of Esoteric Buddhism, Kukai (known as Kobo Daishi) by granting this temple to him. Kukai established Toji Temple as an institute for the teaching of fundamental Shingon doctrines.

<日本語訳>桓武天皇は 794 年に京都に都を遷し、そして彼は 796 年に東寺を京都の東の守護寺として創建しました。約 30 年後、嵯峨天皇は真言密教の開祖で弘法大師として知られている空海にこのお寺を任せました。空海は東寺を真言密教根本道場として確立しました。

[嵯峨天皇が空海に東寺を任せた理由]
There was an artificial pond named Mannoike Pond in Shikoku. It wasn't functioning well, but Kukai, who had studied the latest civil engineering technology in China, was chosen to be the overseer of the repair works for this pond, and he successfully repaired Mannoike Pond in a short time. Kukai grew to be respected and loved not only by the common people but also by Emperor Saga who entrusted him with Toji Temple.

<日本語訳>四国地方に満濃池という名前の人工池がありました。うまく機能していませんでしたが、中国で新しい土木工学をも学んだ空海はこの池の修繕の監督者として選ばれ、見事に満濃池を短期間で修繕しました。空海は庶民だけでなく嵯峨天皇にも尊敬され愛され、そして嵯峨天皇は東寺を空海に任せたのでした。

[真言宗]
The founder of the Shingon Sect of Esoteric Buddhism was Kukai. This sect preaches that the true Buddha is Dainichi Nyorai (Maha Vairocana). It teaches that by communicating with Dainichi Nyorai, one can become a Buddha in one's own body. This is called "Sokushin Jobutsu". It emphasizes inspirational enlightenment. The Shingon Sect is closely related to Shintoism in that it teaches that all things are inhabited by a soul.

<日本語訳>真言密教の開祖は空海です。この宗派は真実の仏は大日如来であると説いています。大日如来とコミュニケーションをとることによって、人がこの身のままで仏になれるというのが教義です。これは「即身成仏」と呼ばれています。ひらめきによる悟りを重視しています。真言宗はすべてのものに魂が宿っているという点で神道と密接に結びついています。

［五重塔］

This five-story pagoda is 55 meters high. This historical structure is said to be a landmark of Kyoto. The present one was built with a donation from Iemitsu Tokugawa in the middle of the 17th century. This five-story pagoda is almost as high as the Leaning Tower of Pisa. Each story symbolizes one of the five important natural elements. From the bottom upwards, they are earth, water, fire, wind and air.

<日本語訳>五重塔は 55 メートルです。これは京都の目印となる歴史的な建物だと言われています。現在の五重塔は 17 世紀半ばに徳川家光から寄進されたものです。五重塔はピサの斜塔とほとんど同じ高さです。それぞれの階は五つの重要な自然の要素を示すと言われています。一番下から、それぞれ、地、水、火、風、空を意味します。

［建物］

Toji Temple consists of the Main Hall, Lecture Hall, Founder's Hall, Ordination Hall and the five-story pagoda.

<日本語訳>東寺は金堂、講堂、御影堂、灌頂院と五重塔から成り立ちます。

［講堂の曼荼羅と講堂の21体の仏像］

There's a group of 21 Buddhist statues with the principal one, Dainichi Nyorai (Maha Vairocana), in the center. This group of 21 figures is in the form of a Mandala which has a significance in esoteric Buddhism.

<日本語訳> 21 体の仏像が大日如来像を中心に並んでいます。21 体の仏像は密教の意味を持つ曼荼羅の形をしています。

［毎月21日の縁日・掘り出し物を探しにフリーマーケットへ］

A flea market is held on the 21st of every month. The 21st is the day when Kobo Daishi passed away. He died on March 21.
This flea market features a variety of antiques, clothes, and foods.

<日本語訳>フリーマーケットが毎月 21 日に開かれます。21 日は弘法大師の命日です。弘法大師は 3 月 21 日にお亡くなりになりました。
このフリーマーケットには骨董品や、衣類、食べ物などが出展されます。

付録

仏像の種類

Buddhist statues are classified into four categories.
(仏像は4種類に分類されます)

1. 如来 (Nyorai, or Buddhas)

Nyorai, or Buddhas, have attained the ideal state of enlightenment.
Nyorai are represented as figures of priests in simple costumes.
They do not wear any ornaments or decorations.

✻ ✻ ✻

如来、つまり仏は理想的な悟りの境地に達しています。
如来は質素な衣装を身につけ僧侶の姿をしています。
アクセサリーや装飾品は身につけていません。

2. 菩薩 (Bosatsu, or Bodhisattva)

Bosatsu are dedicated to saving mankind before they reach enlightenment, serving as attendants to Buddha. In a sense, they are still practicing to become real Buddhas. It is also said they refrain from becoming Buddhas in order to save human beings.

* * *

菩薩は悟りに達する前に仏の脇侍として仕え人類の救済に献身しています。
ある意味では仏になるために修行をしています。
菩薩は人を救済するために仏になることをひかえているとも言われています。

3. 明王 (Myoo, Deity of Fire)

Myoo is an incarnation of Buddha with a scowling expression.
Myoo is said to be the savior of obstinate people.

* * *

明王は仏の化身で恐ろしい表情をしています。
頑固な衆生を救うと言われています。

4. 天部 (Tenbu group Heavenly Deities)

Photo by ⓒ Tomo. Yun (http://www.yunphoto.net)

In Buddhism, these guardian deities of Hindu origins have a place in heaven along with even the Japanese deities of Shintoism. For example, The Deva Kings are the pair of standing images at the gate of a temple. Jikokuten protects the east. Zochoten protects the south. Komokuten protects the west.

* * *

仏教ではヒンズー教出身の守護神や日本の神道の神々も天部に属します。例えば、寺院の門の両脇の仁王も天部です。また、持国天は東、増長天は南、広目天は西、多聞天は北の守護神です。

<著者略歴>
柴山かつの　Katsuno Shibayama

日米英語学院梅田校講師。元京都産業大学非常勤講師。多くの企業、大学のエクステンションコースなどでもTOEIC® L&Rテスト、英検®、ビジネス英語、通訳ガイドの講師を務めた経験を持つ。著書に『あなたも通訳ガイドです 英語で案内する大阪・奈良・神戸』（ジャパンタイムズ出版）、『世界中使える 瞬時に使える旅行英会話大特訓』、『全業種で使える 瞬時に使える接客英会話大特訓』（以上Jサーチ出版）、『英語のWEB会議 直前3時間の技術』、『英語の会議 直前5時間の技術』（以上アルク）、海外翻訳出版8冊など多数。

<英文校閲>
Paul Dorey　ポール・ドーリー

セント・アンドリュース大学中世史学部修士課程修了。TEFL（英語教授法）資格取得。ケンブリッジ大学検定協会現代語学口頭試問・EFL（外国語としての英語教授法）部門にて勤務の後、日米英語学院にて勤務、現在英国在住。

本書のご感想をお寄せください。
https://jtpublishing.co.jp/contact/comment/

あなたも通訳ガイドです
英語で案内する京都 [新装版]

2025年3月20日　初版発行

著　者	柴山かつの　© Katsuno Shibayama, 2025
発行者	伊藤秀樹
発行所	株式会社ジャパンタイムズ出版
	〒102-0082 東京都千代田区一番町2-2 一番町第二TGビル2F
	ウェブサイト https://jtpublishing.co.jp/
印刷所	日経印刷株式会社

本書の内容に関するお問い合わせは、上記ウェブサイトまたは郵便でお受けいたします。
定価はカバーに表示してあります。
万一、乱丁落丁のある場合は送料当社負担でお取り替えいたします。
（株）ジャパンタイムズ出版・出版営業部宛にお送りください。

ISBN978-4-7890-1913-2　Printed in Japan